600.000 Jahre Menschheitsgeschichte in der
Mitte Europas

Römisch-Germanisches Zentralmuseum
Forschungsinstitut für Vor- und Frühgeschichte

Forschungsbereich Altsteinzeit

Römisch-Germanisches
Zentralmuseum
Forschungsinstitut für
Vor- und Frühgeschichte

R G Z M

600.000 Jahre Menschheitsgeschichte in der Mitte Europas

Begleitbuch zur Ausstellung im
Museum für die Archäologie des Eiszeitalters,
Schloss Monrepos, Neuwied

herausgegeben von
Sabine Gaudzinski-Windheuser und Olaf Jöris

mit Beiträgen von
Sylvie Bergmann, Sabine Gaudzinski-Windheuser, Frank Gelhausen,
Sonja Grimm, Claudia Hellebrand-Kosche, Wolfgang Heuschen, Daniela
Holst, Jörg Holzkämper, Susanne Isaak-Mans, Olaf Jöris, Jan Kegler,
Lutz Kindler, Martina Sensburg, Martin Street, Elaine Turner und
Stefan Wenzel

Verlag des Römisch-Germanischen Zentralmuseums   Mainz 2006

Bibliografische Information Der Deutschen Bibliothek

Die Deutsche Bibliothek verzeichnet diese Publikation in der Deutschen Nationalbibliografie;
detaillierte bibliografische Daten sind im Internet über **http://dnb.ddb.de** abrufbar.

ISBN-10 3-88467-103-0
ISBN-13 978-3-88467-103-0

Redaktion, Bearbeitung und Layout: Evelyn Bott, Regina Hecht, Reinhard Köster und Michael Ober
Herstellung: betz-druck, Darmstadt.
Printed in Germany.

Inhaltsverzeichnis

Geschichte des Schlosses Monrepos und der Abteilung Altsteinzeit des RGZM

Hoch über der Stadt Neuwied, eingebettet in die ersten Anhöhen des Westerwaldes, liegt das Museum für die Archäologie des Eiszeitalters auf der Anhöhe von ›Monrepos‹.

Das weiße Schloss Monrepos, die 1762 erbaute Sommerresidenz der Fürsten zu Wied, gibt es schon lange nicht mehr; es wurde 1969 abgerissen. Hier und in den ausgedehnten Wäldern der Umgebung verbrachte Prinzessin Elisabeth zu Wied, die spätere Königin Elisabeth von Rumänien, besser bekannt unter ihrem Künstlernamen ›Carmen Sylva‹, ihre schönsten Kindheitstage.

Doch der Name des Schlosses lebt weiter: Seit 1988 das ›Waldheim‹ zum Eiszeit-Museum wurde, übertrug man ihm den

Sommersitz der fürstlich-wiedischen Familie auf Monrepos. Im Vordergrund das ehemalige ›Waldheim‹, heute Sitz des Museums für die Archäologie des Eiszeitalters und des Forschungsbereichs Altsteinzeit des Römisch-Germanischen Zentralmuseums Mainz, in der Mitte das Jagdhaus und im Hintergrund das ehemalige Schloss Monrepos.

Elisabeth Prinzessin zu Wied (1843-1916), Königin von Rumänien, alias Carmen Sylva.

Wissenschaftlers Hermann Schaaffhausen die altsteinzeitliche Fundstelle Andernach-Martinsberg ausgegraben. 85 Jahre später, 1968, entdeckte der im Frühjahr 2004 verstorbene Neuwieder Architekt Bernd Richter bei Ausschachtungsarbeiten im Neuwieder Ortsteil Feldkirchen-Gönnersdorf einen altsteinzeitlichen Fundplatz, der schon bald darauf unter dem Namen ›Gönnersdorf‹ internationales Ansehen bringen sollte.

Die Bedeutung dieser rund 15.000 Jahre alten Funde veranlasste das Institut für Ur- und Frühgeschichte der Universität zu Köln in Kooperation mit der archäologischen Denkmalpflege Koblenz, umfangreiche Ausgrabungen unter der Leitung von Prof. Dr. Gerhard Bosinski in Angriff zu nehmen.

Einige Jahre später, 1979, wurde zufällig bei Bauarbeiten der Grabungsort von Hermann Schaaffhausen am Martinsberg in Andernach wieder entdeckt. Die Neuaufnahme der Ausgrabungen dort 1981 und weitere Entdeckungen in Neuwied-Niederbieber und in der Tongrube Kärlich zeigten bald die Notwendigkeit eines dauerhaften Forschungsstandortes in der Region.

Schließlich konnte durch das großzügige Entgegenkommen des Fürsten zu Wied das Jagdhaus, ebenfalls zum Gebäudekomplex der Residenz Monrepos gehörend, angemietet werden.

Durch spätere Projekte, wie die zahlreichen Fundplätze der Neandertaler in den Kratermulden der Osteifelvulkane und Neufunde von späteiszeitlichen Siedlungen und Wäldern unter dem Bims des Laacher See-Vulkans, wurde auch dieses Haus zu klein, und man zog in Erwägung, das viel größere ›Waldheim‹ herzurichten.

Namen ›Schloss Monrepos‹. Das 1909/10 als Witwensitz der Königlichen Hoheit, Fürstin Marie zu Wied, geb. Prinzessin van Orange-Nassau, im englischen Landhausstil erbaute ›Prinzessinnenhaus‹ diente schließlich ihren beiden unverheirateten Töchtern Elisabeth und Luise als Altersdomizil. Bis 1964, ein Jahr vor ihrem Tod, lebte Prinzessin Luise im Waldheim, Elisabeth starb bereits 1938.

Die im Museum für die Archäologie des Eiszeitalters ausgestellten Funde haben das Neuwieder Becken weltberühmt gemacht. Bereits 1883 wurde unter der Leitung des

Aus der Not werden bekanntlich Tugenden geboren – und so schlossen sich begeisterungsfähige Menschen zu einem Förderkreis zusammen; wenig später konnte eine Stiftung gegründet werden und der Fürst schenkte ihr das Waldheim mit Grundstück.

Die seit 1986 bestehende Stiftung trägt den Namen des Forschers Maximilian zu Wied, der vor allem als Biologe und Ethnologe durch seine Reisen nach Brasilien und zu den nordamerikanischen Indianern bekannt geworden war. Vielfältig sind seither Aufgaben und Ziel dieser Stiftung: die Förderung von Wissenschaft, Forschung und Kultur. Konkret bedeutet das die Erhaltung des Waldheims Monrepos als Baudenkmal und die Unterstützung des hier beheimateten Museums für die Archäologie des Eiszeitalters sowie des angeschlossenen Forschungsinstituts. Die Träger der Stiftung setzen sich zusammen aus dem Fürstenhaus zu Wied, dem Landkreis und der Stadt Neuwied und dem Förderkreis. Die wissenschaftlichen Säulen bilden das Römisch-Germanische Zentralmuseum in Mainz und das Institut für Vor- und Frühgeschichte der Johannes Gutenberg-Universität Mainz.

Auf rund 1.300 m² Bürofläche arbeiten ca. 20 wissenschaftliche Mitarbeiter und Stipendiaten sowie ca. 10 technische Mitarbeiter und museumspädagogische Fachkräfte. Die Einrichtung ist eines der wenigen Forschungsinstitute zur Erforschung der Alt- und Mittelsteinzeit europaweit.

Das Museum versteht sich als Schaufenster der wissenschaftlichen Forschung. Auf fast 1.000 m² Ausstellungsfläche präsentiert es die Archäologie des Eiszeitalters von den Anfängen bis zum Beginn von Ackerbau und Viehzucht vor etwa 7.500

Maximilian Prinz zu Wied (1782-1867): Jäger, Forscher und Reisender.

Jahren. Mit seinen einzigartigen Funden frühester Besiedlungsspuren trägt das Neuwieder Becken zur Weltgeschichte bei.

Eindrucksvolle Originalfunde aus der Welt der Neandertaler und der großen Zeit der Eiszeitjäger mit ihren bedeutenden Fundplätzen Gönnersdorf und Andernach, aber auch Repliken der Kunstwerke und Artefakte anderer europäischer Fundplätze im Kontext der internationalen Steinzeitforschung werden hier gezeigt.

3

*Nosce te ipsum** – erkenne Dich selbst!

* Lateinische Übersetzung einer griechischen Inschrift am Apollon-Tempel in Delphi.

Mit diesen Worten charakterisiert Carl von Linné in seiner »Systema Naturae« 1735 den Menschen. Wir Menschen begreifen uns als vernunftbegabte und kulturelle Wesen und versuchen, uns aus unserer Herkunft und Vergangenheit zu erklären. Nur selten sind wir uns dabei bewusst, dass wir Produkt einer mehr als 2,5 Millionen Jahre langen Entwicklung sind. Doch ist ein Großteil unseres heutigen Handelns durch Verhaltensmuster geprägt, die tief in der Vorzeit verankert sind.

Die Altsteinzeitforschung setzt sich mit der langen Entwicklung der Menschwerdung auseinander, von ihren Anfängen bis zum Beginn der produzierenden Wirtschaftsweise vor 7.500 Jahren. Aus Ausgrabungen und der Analyse von Funden in ihrem archäologischen und naturräumlichen Kontext bezieht sie Erkenntnisse über unsere lange jägerische Vergangenheit. Ihre Ergebnisse führt sie mit unterschiedlichen Nachbardisziplinen zu einem synoptischen Bild der Menschwerdung zusammen.

Als einzige Disziplin führt die Altsteinzeitforschung die Erkenntnisse über die Ursprünge unseres heutigen menschlichen Verhaltens zusammen und trägt so unmittelbar zu unserem Selbstverständnis bei.

Die Altsteinzeit überspannt damit ohne Zweifel den prägendsten Abschnitt unser aller Vergangenheit.

Der Mensch – ein Geschöpf der Natur

Der Mensch ist mit all seinen Fähigkeiten und Leistungen das wohl interessanteste Lebewesen auf der Welt. In Anbetracht der 4,6 Milliarden Jahre langen Geschichte der Erde ist die Zeitspanne von seiner Entwicklung in Afrika vor 2,5 Millionen Jahren bis heute nur ein kurzer Wimpernschlag, der jedoch die Welt nachhaltig verändert hat.

Charles Darwin (1809-1882) stellte mit der Evolutionstheorie die grundlegenden Prozesse heraus, denen zufolge sich Tiere und Pflanzen mit dem Wandel ihrer Umwelt langsam verändern und schließlich neue Arten bilden. Seitdem kann die Geschichte allen Lebens auf der Erde in ihren Zusammenhängen nachvollzogen werden. Auch der Mensch ist ein Ergebnis der Evolution und als Teil der Natur von dieser abhängig.

»Viel Licht wird fallen auf den Ursprung der Menschheit«, ahnte Darwin bereits vor 150 Jahren. Seit mittlerweile mehr als zwei Jahrhunderten befördern Ausgrabungen die Zeugnisse der Menschheitsentwicklung ans Tageslicht und vermehren unser Wissen ständig.

Über 2,5 Millionen Jahre lebte der Mensch als Jäger und Sammler. Durch biologische Anpassung und kulturelle Errun-genschaften meistert er sein Leben in einer sich ständig verändernden Umwelt. Schließlich besiedelte er den gesamten Globus.

Am Mittelrhein ist die Geschichte der ersten Menschen, die Mitteleuropa vor 600.000 Jahren erreichten, bis hin zu den letzten Jägern und Sammlern vor 7.500 Jahren in einzigartiger Weise überliefert.

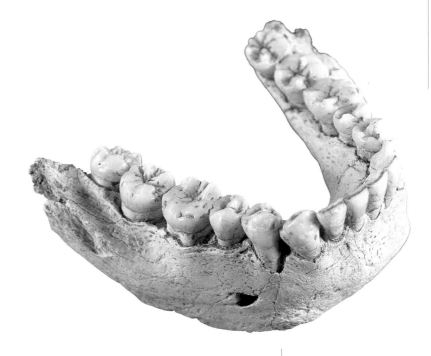

1,8 Mio. Jahre alter früh-menschlicher Unterkiefer aus dem georgischen Dmanisi.

Die ersten Menschen in Mitteleuropa vor 600-350.000 Jahren

Die ersten sicheren Belege für die Anwesenheit des Menschen finden sich in Mitteleuropa vor rund 600.000 Jahren. Aus dieser Zeit sind nur wenige menschliche Fossilien bekannt. Sie werden *Homo heidelbergensis* zugeschrieben. Sein typisches Steinwerkzeug war der Faustkeil.

Die Lebensweise dieses frühen Menschen ist kaum bekannt. Wohl war *Homo heidelbergensis* ein bestens ausgerüsteter Großwildjäger, der mit hölzernen Wurfspeeren dem Wild nachstellte, wie dies Funde vom Ufer eines Sees bei Schöningen in Südniedersachsen belegen.

Offenbar kamen die Menschen mit den jahreszeitlich wechselnden Bedingungen im nördlichen Mitteleuropa zurecht. Allerdings scheint es, dass sie die Gebiete nordwärts der Hochgebirge zunächst nur in den Warmzeiten bewohnt haben. In diesen Klimaabschnitten bedeckten Laubwälder mit größeren grasbestandenen Lichtungen weite Teile Mitteleuropas. Waldelefanten, Nashörner, Pferde, Hirsche und Rinder waren hier beheimatet.

Aus dem Zeitabschnitt vor etwa 600-350.000 Jahren sind in Europa nur wenige Fundstellen bekannt. Am Mittelrhein sind jedoch mit Miesenheim I und Kärlich-Seeufer gleich zwei Nachweise aus der Zeit dieses frühen Menschen überliefert.

Die ersten Siedler

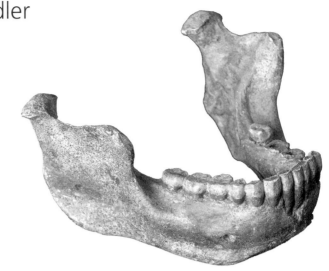

In einer Sandgrube bei Mauer unweit Heidelberg wurde 1907 der Unterkiefer eines 20-30 Jahre alten Mannes entdeckt. Mit einem Alter von etwa 600.000 Jahren gehört das Fossil zu den ältesten Funden von *Homo heidelbergensis*.

Der große, massive Unterkiefer mit fliehendem Kinn, wuchtigen Zähnen und weit ausladenden Kieferästen kennzeichnet diese Menschenform. Fossilien von *Homo heidelbergensis* finden sich in ganz Europa. Seine Siedlungsplätze kennen wir aus Höhlen sowie aus der Nähe von Gewässern. Quellgebiete oder die Ufer von Flüssen und Seen besiedelte er ebenso wie Küstensaumlandschaften.

Unterkiefer des *Homo heidelbergensis* aus Mauer, vor 600.000 Jahren.

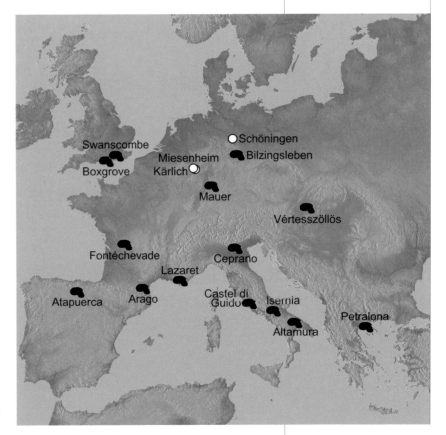

Älteste Nachweise des Menschen in Europa.

Der älteste Siedlungsplatz nördlich der Alpen: Miesenheim I

Der Fundplatz Miesenheim I gehört in eine Warmzeit vor 600-500.000 Jahren. Miesenheim I ist damit einer der ältesten Belege für den Aufenthalt des Menschen im nördlichen Europa.

Es ist eine der wenigen gut erhaltenen Fundstellen, die nicht durch natürliche Prozesse aus ihrem ursprünglichen Zusammenhang gerissen wurden. Hier sind Steinartefakte und Tierknochen noch an denselben Stellen zu finden wie vor mehr als einer halben Jahrmillion. Diese einzigartige Fundsituation erlaubt detaillierte Einblicke in das Leben und in die Umwelt des *Homo heidelbergensis*.

Heute liegt der Fundplatz am Ostufer der Nette, etwa 3 km vor ihrer Mündung in den Rhein. Der damalige Siedlungsplatz lag hingegen unmittelbar am Ufer des Rheins in sumpfigem, mit Auenwald bestandenem Gelände. Mensch und Tier nutzten dieses reiche Biotop.

Hier stellte der Mensch seine Steinwerkzeuge her, wie der zusammenpassende Abfall der Herstellung deutlich macht. Hinweise auf andere Aktivitäten, wie etwa die Jagd, fehlen. Lediglich ein Knochenfragment, das einem großen Wildrind oder einem Nashorn gehörte, weist eine Schlagfacette auf. Solche Beschädigungen deuten auf das Öffnen des Knochens, um an das Mark zu gelangen.

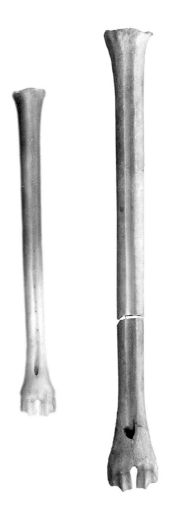

Ein Mittelfußknochen eines Rehs aus Miesenheim I (rechts) neben dem eines heutigen Rehs (links).

Kärlich-Seeufer

Im Bereich der heutigen Tongrube Kärlich befand sich vor etwa 400.000 Jahren ein kleiner See. Aus der torfigen Uferzone sind ganze Baumstämme, Äste und Früchte überliefert. Zusammen mit den Tierknochen bezeugen sie ein warm-gemäßigtes Klima.

Der See war aber auch für den frühen Menschen attraktiv: Unter den zurückgelassenen Steingeräten aus Quarzit und Quarz fanden sich zwei große Faustkeile. Sie sind die typischen Werkzeuge dieser Zeit.

In der kleinen Ausgrabungsfläche von Kärlich-Seeufer wurden die Überreste von mindestens acht Waldelefanten (*Elephas [P.] antiquus*) entdeckt. Ob der Mensch die Elefanten erbeutet hat, muss allerdings offen bleiben.

Faustkeil vom Fundplatz Kärlich-Seeufer.

Grabungssituation am Fundplatz Kärlich-Seeufer.

Backenzahn eines jungen Waldelefanten vom Fundplatz Kärlich-Seeufer.

Der Waldelefant – Jagdbeute des frühen Menschen?

Knochen und Zähne von Elefanten gehören zu den spektakulärsten Fossilfunden eiszeitlicher Tiere. Der Waldelefant, *Elephas (P.) antiquus*, war der größte aller Dickhäuter. Er besaß nur wenig gebogene und betont nach vorne gerichtete Stoßzähne, die bis zu 3,50 m lang werden konnten. Mit seiner stattlichen Körperhöhe von rund 4,50 m war er größer als alle heutigen Elefanten. Nur in den warm-gemäßigten Klimaphasen trat der Waldelefant auch in Mitteleuropa auf, wo er lichte Laubwälder bewohnte.

Rekonstruktion eines Waldelefanten.

Fundsituation an der italienischen Fundstelle La Polledrara südlich von Rom.

An zahlreichen Fundstellen aus der Zeit vor 600-350.000 Jahren lässt sich das Nebeneinander von Menschen und Waldelefanten beobachten. Besonders eindrucksvoll sind einige italienische Fundstellen aus dem Vulkangebiet um Rom. Auch der Fundplatz Kärlich-Seeufer am Mittelrhein reiht sich in die Gruppe dieser Plätze ein.

Doch sind die Hinterlassenschaften des Menschen an diesen Plätzen häufig durch natürliche Prozesse mit den massigen Knochen der Elefanten zusammengespült worden. Ob der frühe Mensch aber für den Tod der Waldelefanten verantwortlich gemacht werden darf, ist sehr umstritten. Die letzten Waldelefanten in unseren Breiten lebten während der letzten Warmzeit vor rund 125.000 Jahren.

Unser starker Vetter:
Die Zeit des Neandertalers
vor 350-40.000 Jahren

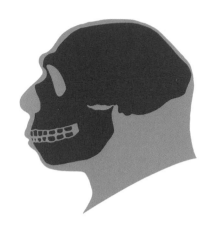

Isoliert von der Bevölkerung Afrikas entstand in Europa aus dem »Heidelberger Menschen« eine ganz besondere Menschenform: der Neandertaler. Er ist ohne Zweifel der bekannteste Vertreter aus der Ahnenreihe des Menschen. Uns sind bis heute die Skelettreste von mehr als 300 Neandertaler-Individuen bekannt.

Der Neandertaler bevölkerte unseren Kontinent vor 350-40.000 Jahren. Während dieses Zeitraums passte er sich zusehends den Bedingungen im eiszeitlichen Europa an.

Der Körperbau des Neandertalers war viel robuster als unserer. Er war zwar kleiner, doch waren seine Gliedmaßen muskulöser und seine Hände kräftiger. Stärke und Zähigkeit machten ihn zu dem bis dahin erfolgreichsten Großwildjäger. Doch zeigen verheilte Knochenbrüche, dass er bei der Jagd auch großen Gefahren ausgesetzt war.

Bis heute ist unser Verwandtschaftsverhältnis zum Neandertaler nicht sicher geklärt. So schließt die eine Gruppe von Forschern unsere Verwandtschaft mit dem Neandertaler aus (wie dies auch molekulargenetische Untersuchungen andeuten). Diese Wissenschaftler argumentieren, dass er vom Modernen Menschen verdrängt

worden sei. Die andere Gruppe vertritt hingegen die Ansicht, dass sich der Moderne Mensch sehr wohl aus dem Neandertaler entwickelt haben könnte.

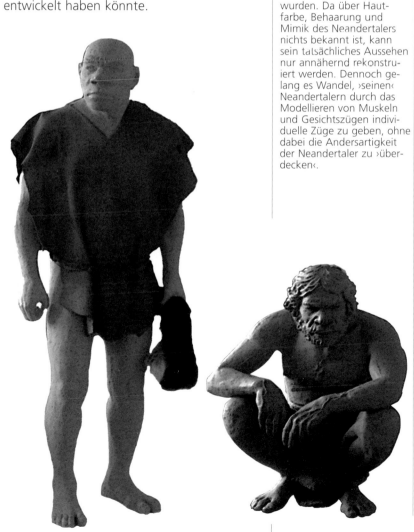

Neandertaler-Rekonstruktionen, die von Gerhard Wandel (1906-1972) über Abgüssen von Neandertaler-Knochen modelliert wurden. Da über Hautfarbe, Behaarung und Mimik des Neandertalers nichts bekannt ist, kann sein tatsächliches Aussehen nur annähernd rekonstruiert werden. Dennoch gelang es Wandel, ›seinen‹ Neandertalern durch das Modellieren von Muskeln und Gesichtszügen individuelle Züge zu geben, ohne dabei die Andersartigkeit der Neandertaler zu ›überdecken‹.

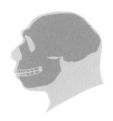

Neandertaler ›von früh bis spät‹

Der Neandertaler ist nach den 1856 im Neandertal bei Düsseldorf entdeckten menschlichen Fossilfunden benannt.

Die beiden abgebildeten Schädel zeigen zwei der berühmtesten Vertreter aus der Entwicklungsreihe des Neandertalers. Der etwa 40.000 Jahre alte Schädel aus dem südwestfranzösischen La Chapelle-aux-Saints weist die charakteristischen Merkmale eines späten, ›klassischen‹ Neandertalers auf: fliehende Stirn, stark ausgeprägte Überaugenwülste, breite Wangenknochen und das Fehlen des Kinns. Der wesentlich ältere Schädel der ›Steinheimerin‹ lässt diese Merkmale noch nicht erkennen.

Neandertaler in Europa.

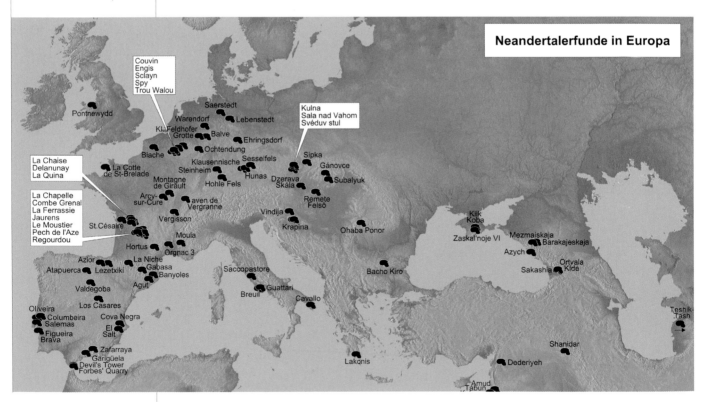

Neandertalerfunde in Europa

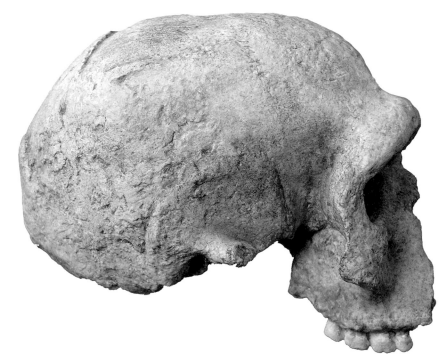

Die frühe Neandertalerin
von Steinheim an der Murr.

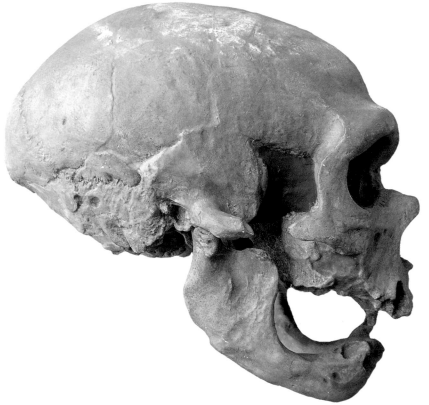

Der späte, ›klassische‹ Neandertaler von La Ferrassie
in der Dordogne, Frankreich.

13

Leben in Extremen:
die wechselhafte Umwelt des Neandertalers

Der Neandertaler lebte in der Zeit der extremsten eiszeitlichen Klimaveränderungen: Während der kältesten Phasen reichten die Gletscher aus dem Norden bis in die Mitte Europas; der Meeresspiegel senkte sich bis zu 140 m; England wurde Teil des Kontinentes. Solche Kaltphasen waren durch anhaltendes Trockenklima mit großen Temperaturunterschieden zwischen Tag und Nacht sowie Sommer und Winter gekennzeichnet. Pflanzen, Tiere und auch die Neandertaler zogen sich aus dieser lebensfeindlichen Umwelt in südliche Regionen zurück.

Während der wärmsten Phasen bedeckten ausgedehnte Wälder Mitteleuropa, in denen Wildschweine, Hirsche und Rehe leb-

ten. Darüber hinaus waren der große Waldelefant und das Waldnashorn hier heimisch. Selbst das Flusspferd, das zum Überleben besonders milde Winter braucht, kam am Rhein vor.

Die wildreichsten Jagdgründe boten sich dem Neandertaler allerdings in den ausgedehnten Graslandschaften der kühl-gemäßigten Phasen. Im Wechsel der Jahreszeiten lebte er von der Jagd auf die großen Herden von Mammut, Ren, Pferd oder Wisent.

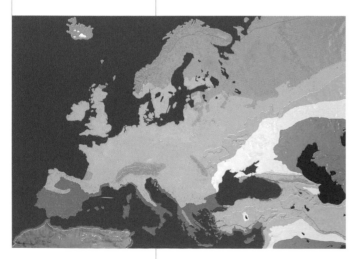

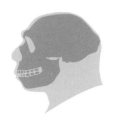

Steingeräte des Neandertalers

Der Werkzeugkasten

Kultureller und technologischer Wandel spiegelt sich in der Steinbearbeitung wider. Je nach Region bildeten sich verschiedene Traditionen der Herstellung von Steingeräten heraus. Der Zweck blieb jedoch immer der Gleiche: Die Produktion scharfkantiger Abschläge und Werkzeuge.

Typische Werkzeuge des Neandertalers waren z.B. Schaber, Messer, Spitzen und Faustkeile. Viele dieser Geräte werden als Universalgeräte vergleichbar den ›Schweizer Offiziersmessern‹ gedeutet. Sicher waren einige Steingeräte in Holzgriffen geschäftet oder Speeren aufgesetzt.

Die Idee

Der Neandertaler besaß genaue Kenntnisse über die mechanischen Brucheigenschaften gänzlich unterschiedlicher Gesteine. Dies erlaubte ihm, Form und Größe der Abschläge exakt festzulegen.

Die ›Levallois-Methode‹ war seine bekannteste Vorgehensweise: In mehreren Arbeitsschritten präparierte er das Gesteinsrohstück für den gewünschten Abschlag.

Feuersteinspitze aus Rheindahlen bei Mönchengladbach.

Experimentell hergestellter
Levalloiskern mit Abschlag.

Das Atelier

Vorzugsweise verwendete der Neandertaler Gesteine mit besonders günstigen Spalteigenschaften (Feuersteine, Quarzite, Quarze etc.), daher sind an manchen Gesteinsvorkommen regelrechte Werkstätten zu finden – so genannte Ateliers. Hier wurden in großer Zahl scharfkantige Abschläge gewonnen und zu Geräten geformt.

Abfall der Steinbearbeitung (Röhrshain, Hessen).

16

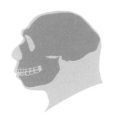

Neandertaler und die Jagd

Der Neandertaler war ein überaus effizienter Großwildjäger. Chemische Untersuchungen an fossilen Knochen belegen, dass er hauptsächlich tierische Nahrung zu sich nahm. Auch die Bewaffnung des Neandertalers lässt auf seine jägerische Lebensweise schließen: Im niedersächsischen Lehringen steckte eine 2,40 m lange Holzlanze zwischen den Rippen eines ausgewachsenen Waldelefanten, den Neandertaler am Ufer eines Sees erlegt hatten. So genannte Levallois-Spitzen fanden als steinerne Projektile Verwendung. In Syrien fand man das Fragment einer solchen Spitze eingeschossen in den Halswirbel eines Wildesels.

Zahlreiche Fundstellen zeigen, wie der Neandertaler gejagt hat. Aus der Zeit vor etwa 100.000 Jahren sind Plätze mit Überresten von bis zu 1.000 Wildrindern bekannt. An günstigen Stellen im Gelände lauerte der Neandertaler diesen Tieren immer wieder auf.

Zu diesen Plätzen gehört auch die rheinhessische Fundstelle Wallertheim: Am Ufer eines Flussarmes wurden hier mindestens 52 Wisente erlegt. Gezielt wurden die jeweils stärksten Tiere der Wisentherde getötet. Ihre Bejagung barg die größten Gefahren, doch lieferten gerade diese Tiere das

Die Eibenholzlanze aus Lehringen bei Verden an der Aller nach ihrer Präparation.

beste Fleisch. Zwischen den Wisentknochen fanden sich zahlreiche Steingeräte.

In groß angelegten Gemeinschaftsjagden stellte man nicht nur Wildrindern nach, sondern auch anderen Herdentieren wie Ren und Pferd.

Rekonstruktion der Fundstelle Wallertheim in Rheinhessen von Franz Roubal, 1930.

Siedlungsplätze auf den Osteifelvulkanen:
Neandertaler auf der Höhe
vor 200-60.000 Jahren

In der Osteifel bilden die Schlackenkegel erloschener Vulkane die markantesten Erhebungen. Für den Neandertaler waren diese steilen Hügel attraktive Siedlungsplätze. Die Kraterwälle boten allseitigen Schutz, und in den Kratermulden sammelte sich Wasser. Diese günstigen Voraussetzungen machte sich der Neandertaler zunutze und kehrte auf seinen jahreszeitlichen Streifzügen immer wieder hierher zurück. Allerdings fehlen Hinweise, die auf eine längerfristige Besiedlung der Vulkanberge schließen lassen.

Die Gipfel der Vulkane boten nicht nur Schutz, sondern auch einen guten Blick über die Landschaft und damit die Möglichkeit, die Ankunft großer Tierherden in der Ebene rechtzeitig zu erspähen.

Die wichtigsten Vulkanfundplätze der Osteifel sind der Schweinskopf, die ›Wannen‹, der Tönchesberg und der Plaidter Hummerich. Aus einer Kratermulde der Wannen-Vulkangruppe bei Ochtendung stammt die robuste Schädelkalotte eines Neandertalers: Ein Fund, der weltbekannt wurde.

Der Vulkan ›In den Wannen‹:
Neandertaler und Nashörner

Der Vulkan ›In den Wannen‹ liegt zwischen den Orten Saffig und Ochtendung und gehört zur östlichen Wannen-Vulkangruppe, die vor etwa 200.000 Jahren entstanden ist.

In den Ablagerungen des Kraterwallbereiches entdeckte man mehrere Fundschichten mit Steingeräten des Neandertalers und Knochen großer Säugetiere aus der Zeit vor 150-100.000 Jahren. Untersuchungen der Tierknochen zeigen, dass der Neandertaler den erloschenen Vulkan wiederholt zur Jagd aufsuchte. Neben Pferden und Rothirschen erlegte er vor allem auch das wollhaarige Nashorn.

Schädelkalotte eines Neandertalers vom ›Wannen‹-Vulkan.

Dass es sich bei den Jägern von den ›Wannen‹ wirklich um Neandertaler handelte, belegt ein Schädeldach, das nur 200 m vom Jagdplatz entfernt gefunden wurde.

Der ›Wannen‹-Vulkan.

Jagd auf gefährliche Tiere?

Zeitgenossen des Neandertalers waren auch gefährliche Tiere wie Bär, Löwe oder Nashorn. Knochen dieser Tiere finden sich immer wieder an den Siedlungsplätzen der Neandertaler. Hat er sie also gejagt?

Zwar werden in Höhlen besonders häufig Bärenknochen entdeckt, doch ist eine systematische Bejagung des Bären an nur zwei Fundplätzen festzustellen: am Ufer eines Flusses in Biache in Nordfrankreich sowie im Umfeld einer kleinen Quelle in Taubach bei Weimar. Einige der dort gefundenen Bärenknochen tragen Schnittspuren von steinernen Messern, die beim Häuten der Tiere entstanden. Um an das begehrte Fell zu kommen, wurden gelegentlich vielleicht auch Löwen erlegt.

Der Neandertaler stellte sogar den sehr aggressiven Nashörnern nach. In einer Kratermulde der Wannen-Vulkangruppe entdeckte man neben einigen ausgewachsenen auch mehrere junge Nashörner, auf die es der Neandertaler offensichtlich abgesehen hatte. Auch in Taubach wurden die wohl zu neugierigen Jungnashörner im Alter von anderthalb Jahren angelockt und erlegt, noch bevor die beschützende Mutter dieser Gefahr gewahr wurde. Junge Nashörner dieses Alters laufen zwar noch bei ihrer Mutter, werden aber nicht mehr so streng behütet und sind deshalb eine ›leichte‹ Beute.

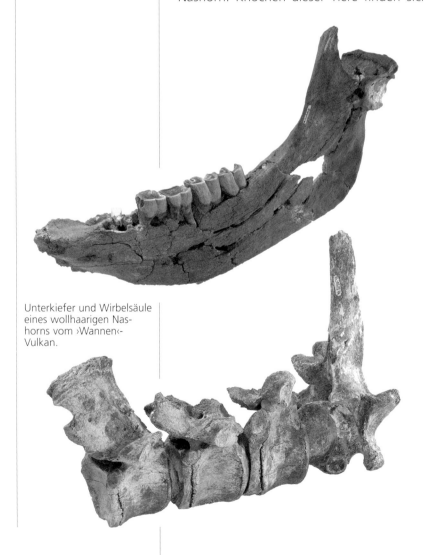

Unterkiefer und Wirbelsäule eines wollhaarigen Nashorns vom ›Wannen‹-Vulkan.

Leben in eisiger Höhe:
Neandertaler auf dem Schweinskopf-Vulkan

Vor 150.000 Jahren haben sich in der Kratermulde des Schweinskopf-Vulkans zwischen Bassenheim und Ochtendung wiederholt Gruppen von Neandertalern niedergelassen. Dort ließen sie ihre Steinwerkzeuge und die Reste ihrer Jagdbeute zurück.

Die Schichten, in denen die Funde lagerten, stammen aus einer Zeit extremer Kälte. Der gelbe Lössstaub, der die Kratermulde füllt, wurde in einer trocken-kalten Klimaphase von den Hochflächen ausgeweht.

Deutliche Hinweise auf das kaltzeitliche Klima liefern auch die Jagdbeutereste: Das Pferd ist für eine offene Landschaft typisch, das wollhaarige Nashorn und das Rentier deuten auf extreme Kälte hin.

Geräte aus Feuerstein, die der Neandertaler aus dem mehr als 100 km entfernten Maasgebiet mitgebracht hatte, zeugen von seiner Mobilität. Wie an allen Neandertaler-Fundplätzen der Osteifel ließ er auch am Schweinskopf einige dieser mitgebrachten Werkzeuge zurück.

Der ›Schweinskopf‹ – Neandertaler in eisiger Höhe.

Siedlungsplatz mit Ausblick:
Neandertaler auf dem Plaidter Hummerich

Siedlungsplatz mit Ausblick:
der Plaidter ›Hummerich‹.

Der Vulkan Plaidter Hummerich erlosch vor mehr als 200.000 Jahren und hinterließ

einen Schlackenkegel, dessen Gipfel die heutige Talsohle um mehr als 150 m überragt.

Vor 90-60.000 Jahren suchten Neandertaler-Gruppen wiederholt die Kratermulde des Hummerichs auf. Bei den jeweils eher kurzfristigen Besuchen ließen sie ganze Serien von Geräten sowie den Abfall von deren Herstellung zurück – insgesamt beinahe 2.000 Stücke. Überwiegend wurden diese aus regionalen Gesteinen gefertigt. Diese Materialien belegen Ausflüge an nahegelegene Flussufer. Zu einem geringeren Teil bestehen die Werkzeuge aus Feuerstein und zeigen, dass sich die Neandertaler zuvor auch in der Maasregion aufgehalten haben.

In den bis zu 2 m mächtigen Schwarzerde-Böden, die sich bei einem sehr trockenen, aber keineswegs sehr kalten Klima bildeten, haben sich Tierknochen gut erhalten. Sie stammen vor allem von großen Wildrindern, Pferden und Hirschen, aber auch von Wildeseln und Nashörnern, die auf eine wildreiche Steppenlandschaft hinweisen. Auch Raubtiere wie Löwe, Wolf, Hyäne und Fuchs sind belegt. Reh und Damhirsch zeigen, dass zumindest phasenweise ein eher gemäßigtes Klima herrschte.

Vor 100.000 Jahren
auf dem Tönchesberg …

Nordwestlich der Nette, zwischen den Orten Plaidt und Kruft, liegt der Tönchesberg-Vulkan, der vor rund 200.000 Jahren entstand.

Vor dem Lavaabbau war dieser etwa 250 m hoch und seine Kratermulde mit bis zu 25 m mächtigen Ablagerungen gefüllt. In diesen Ablagerungen fanden sich auch Steingeräte und Jagdbeutereste aus der Zeit des Neandertalers.

Mit den Funden der etwa 100.000 Jahre alten Hauptfundschicht des Tönchesberges lassen sich die damaligen Lebensbedingungen in hervorragender Weise rekonstruieren: In den Ebenen lebten Rind, Hirsch, Pferd und Steppennashorn, Luchs und Esel. Hier jagte der Neandertaler und brachte die Beute zu seinem Lager auf den Tönchesberg. Nach dem Entfernen des wertvollen Fleisches wurden fast alle Knochen zerschlagen, um an das nahrhafte Knochenmark zu gelangen.

Eine Besonderheit ist der Fund von 110 Geweihstangen des Rothirsches, deren Anhäufung bis heute Rätsel aufgibt.

Der ›Tönchesberg‹-Vulkan.

Wer sammelt Geweihe?

Die Funde großer Ansammlungen von Geweihabwurfstangen des Rothirsches am Tönchesberg und am Plaidter Hummerich geben Rätsel auf.

Allein vom Tönchesberg stammen die fossilen Reste von mindestens 110 Geweihstangen. Es ist unwahrscheinlich, dass diese Ansammlung zustande kam, weil die Hirsche ihre Geweihe immer wieder gerade hier abwarfen. Während die aufgeschlagenen Knochen dieser Tiere zu den Beuteresten des Menschen zu zählen sind, ist nicht bekannt, was es mit den Abwurfstangen auf sich hat. Auch vereinzelte Bissspuren genügen nicht, um Raubtiere als Urheber der Geweihansammlungen verantwortlich zu machen. Die Geweihe tragen keinerlei Spuren menschlicher Bearbeitung oder Benutzung. Auch von anderen Fundstellen gibt es keine Hinweise darauf, dass Neandertaler Geweih verwertet haben. Einige wenige Geweihstücke sind zwar angebrannt, doch ist das Material als Brennstoff ungeeignet. Dennoch zeigen die Brandspuren an, dass der Neandertaler mit einigen dieser Geweihe hantierte. Ob er aber die Geweihe auf den Osteifelvulkanen bewusst zusammentrug und wenn ja, aus welchem Grund, bleibt unbekannt.

Bis in historische Zeit sammelten verschiedene Völker Sibiriens und Nordamerikas sowie die Sami in Finnland Geweihe zu religiösen Zwecken.

Von nah …

Von seinen täglichen Streifzügen brachte der Neandertaler auch Gesteinsrohstücke mit. Im Mittelrheingebiet fand er Quarzite und Quarze, aber auch Kieselschiefer und Tonsteine. Diese nahm er mit zu seinen Siedlungsplätzen, wo er sie geschickt in kleinere Stücke aufspaltete, um aus diesen Steinwerkzeuge herzustellen.

Beim Verlassen des Platzes blieben die meisten Werkzeuge zurück, doch einige nahm der Neandertaler mit auf seinen Weg zum nächsten Lagerplatz. Passt man die zurückgelassenen Stücke wieder zusammen, zeigen die fehlenden ›Puzzleteile‹, welche Geräte weggeführt wurden. Sicherlich waren einige dieser Werkzeuge als Messer in hölzerne Griffe eingesetzt oder als Spitzen auf Speere gesteckt.

Steingerät des Neandertalers mit eingeschlossenem Fossil vom Schweinskopf-Vulkan.

... und fern!

An den mittelrheinischen Siedlungsplätzen des Neandertalers fanden sich auch einige Werkzeuge aus fremden Gesteinen. Diese ›exotischen‹ Steinwerkzeuge wurden von weither mitgebracht und geben eine Vorstellung von der Größe der Gebiete, die der Neandertaler durchwanderte.

Die Werkzeuge aus ortsfremdem Feuerstein kommen aus der Maasregion und aus der norddeutschen Tiefebene – also aus

Entfernungen von mehr als 100 km. Der Neandertaler hatte sie dort hergestellt und als Messer in hölzernen Griffen oder als Spitzen auf Speeren mit an den Mittelrhein gebracht. Waren diese Werkzeuge hier schließlich unbrauchbar geworden, wurden sie durch identische Geräte aus hiesigen Gesteinen ersetzt. Daher gleichen sich Messer aus ›einheimischen‹ und importierten Materialien oft in Form und Größe.

Standardisierte Steingeräte des Neandertalers aus unterschiedlichen Rohmaterialien. Plaidter Hummerich, Wannen-Vulkangruppe.

Neue Menschen – neue Wege:
Innovationen vor 40-25.000 Jahren

Vor 40-30.000 Jahren tritt der anatomisch moderne Mensch, *Homo sapiens sapiens*, erstmals in Europa auf. Mit diesem Neuen Menschen beginnt eine Epoche einschneidender sozialer Veränderungen und kultureller Neuerungen.

Die ausgedehnten Grassteppen der zweiten Hälfte der letzten Kaltzeit zwangen dem Menschen eine sehr mobile Lebensweise auf. Diese Mobilität war die Voraussetzung für die Entstehung eines weitreichenden sozialen Netzes, über das Austauschbeziehungen bis in den Mittelmeerraum gepflegt wurden.

Die Auswirkungen dieser europaweiten Verständigung schlugen sich bald auch im alltäglichen Leben der Menschen nieder: Eine neue, überall gleichförmige Methode zur Herstellung von Steinwerkzeugen und neu entwickelte Techniken zur Bearbeitung von Tierknochen und Geweih verbreiteten sich schnell. Außerdem stellten die Menschen Gewebe und Textilien aus Pflanzenfasern her.

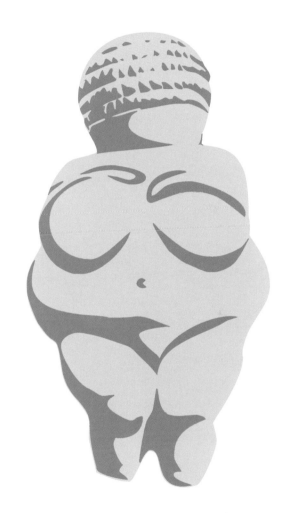

Der umfassende Wandel betraf besonders die geistige Kultur: Respektvoll schmückte der Neue Mensch seine Toten und stattete sie mit Beigaben aus. Er malte die ersten Höhlenbilder, schnitzte plastische Figuren und schuf Musikinstrumente.

Der Neue Mensch hatte sich eine bis dahin völlig unbekannte spirituelle Dimension erschlossen, die das kulturelle Leben seither beeinflussen sollte.

Erste Kunst vor 40-30.000 Jahren

Löwenfries aus der Grotte Chauvet in Südfrankreich.

›Leitmotive‹ dieser frühesten Kunst sind einerseits große, gefährliche und schnelle Tiere, andererseits der Phantasie entsprungene Tier-Mensch-Mischwesen, die sowohl als Felsmalereien in Südfrankreich als auch in Form der kunstvoll geschnitzten Elfenbeinstatuetten Süddeutschlands überliefert sind.

Mit dem Auftreten des Neuen Menschen beginnt eine neue, dem Neandertaler unbekannte Ebene der Auseinandersetzung mit dem eigenen Ich und seiner Stellung in der Umwelt. Am deutlichsten äußert sich dies im Auftreten der Kunst vor 40-30.000 Jahren.

Die erstaunliche Ähnlichkeit des skulptierten Löwenkopfes aus der Vogelherdhöhle im Lonetal (Baden-Württemberg) mit den gemalten Löwen in der südfranzösischen Grotte Chauvet illustriert die Einheitlichkeit in der künstlerischen Umsetzung der Themen dieser Zeit.

Hingegen sind Darstellungen des Menschen höchst selten. Um so bedeutender ist der Fund der ›Venus vom Galgenberg‹ aus Stratzing in Niederösterreich.

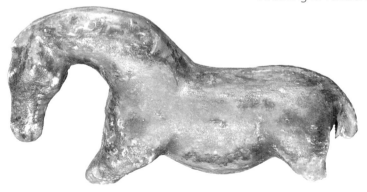

Pferdeplastik aus Mammutelfenbein aus der Vogelherd-Höhle in Süddeutschland.

Neue Menschen
im Lahntal vor 35-30.000 Jahren

Die Menschen suchten immer wieder Höhlen auf. Wegen ihrer günstigen Erhaltungsbedingungen bezeugen Höhlen menschliche Aufenthalte über Zehntausende von Jahren hinweg. Höhlen sind damit wichtige Archive der Menschheitsgeschichte.

Ein solches Archiv war auch die heute zerstörte Höhle Wildscheuer bei Steeden im Lahntal. Ihre Erforschung reicht bis in die Mitte des 19. Jahrhunderts zurück. Hier entdeckte man eine klassische Abfolge von der Zeit des Neandertalers bis zu den letzten eiszeitlichen Jägern.

Während der Neandertaler hier nur kurz ›vorbeischaute‹, wenn Bär und Hyäne nicht zuhause waren, richtete sich der Neue Mensch in der Wildscheuer längerfristig ein. Von der erfolgreichen Jagd auf das Ren blieben Reste der Beute sowie einige Werkzeuge zurück. Geräte aus Knochen, Geweih und Elfenbein, wie die große Knochenspitze aus der benachbarten Wildhaus-Höhle, waren im Alltag des Neuen Menschen von großer Bedeutung.

Dokumentation der frühen Ausgrabungen in den Lahntalhöhlen aus der Mitte des 19. Jahrhunderts.

n Feuerstelle.
d Mammuth Backzahn.
c Feuerstelle - 1,20.
m Bärenpenis Knochen.
l Bär Reisszahn.
b Feuerstelle - 1,70.
k Bärentatze Elfenbein.
Knochen breccie von Hirsch und Feuerstein.
i Rhinoceros Unter-Kiefer.
h Mammuth Femur.
a Feuerstelle - 2,30.
g Hirschgeweih.
f Lydit mit Elfenbein.
o Lyditspähne.

2 C.m. = 1 Meter.

Kunst vor 30-25.000 Jahren

unbekleideten Darstellungen bleiben unauffällig und treten gegenüber der betont üppigen Körperfülle in den Hintergrund.

Das bekannteste Beispiel dieser ›Venusstatuetten‹ ist die ›Venus von Willendorf‹ in Niederösterreich, aber auch auf dem Linsenberg in Mainz wurden zwei Fragmente solcher Figuren gefunden. Heutige Deutungen dieser Statuetten reichen von bloßen Abbildern eines vergangenen ›Schönheitsideals‹ über Symbole der Fruchtbarkeit bis hin zum Sinnbild matriarchalischer Gesellschaftsstrukturen. Männerdarstellungen sind hingegen von nur wenigen Fundplätzen bekannt, wie etwa aus dem südfranzösischen Brassempouy.

Gegenüber den teilweise sehr großen menschlichen Statuetten sind die Tierfiguren eher klein und unscheinbar. Sie thematisieren das ganze Spektrum eiszeitlicher Großsäuger und finden sich – ähnlich wie die ›Venusstatuetten‹ – vom Atlantik bis zum Don.

Fragment einer ›Venusstatuette‹ aus Mainz-Linsenberg.

In dieser Zeit widmet die Kunst sich ganz anderen Themen als in der vorangegangenen ›Epoche‹: Die Frauenstatuetten der Zeit vor 30-25.000 Jahren weisen einen europaweit einheitlichen Stil auf, der sich in immer ähnlich proportionierten Körpern ausdrückt. Details wie Haartracht und Schmuck dieser

Steinbearbeitung

Zu den technischen Neuerungen der Zeit vor 40-25.000 Jahren zählt auch die Steinbearbeitung. Erstmals treten hochspezialisierte Geräte auf, die zur Verrichtung ganz bestimmter Tätigkeiten angefertigt wurden. So fanden Kratzer, Bohrer, Stichel oder als Meißel genutzte Stücke Verwendung. Sie unterscheiden sich deutlich von den ›Universalgeräten‹ der Neandertaler.

Ausgangsformen dieser teils sehr standardisierten Werkzeuge waren zumeist Klingen. Diese langschmalen, mehr oder minder dünnen Abschläge wurden von besonders präparierten Kernen in größeren Serien gewonnen. Besonders schmale Klingen, so genannte Lamellen, sind eine weitere Innovation dieser Zeit. Sie dienten in überarbeiteter Form zur Bewehrung der Speere.

Herstellung von Klingen.

31

Nouvelle cuisine – Neuheiten in der Küche

Reibstein aus Wiesbaden, Adlerquelle.

Die großen Tiere der eiszeitlichen Steppe standen auch auf der Speisekarte des Neuen Menschen. Bevorzugt stellte man Herdentieren wie Pferd und Ren nach. Zur Gewinnung des Marks wurden die Knochen dieser Tiere in immer gleichen Mustern zerschlagen. Doch finden sich auf den Siedlungsplätzen auch die Knochen gefährlicher Tiere, wie des Höhlenbären, des wollhaarigen Nashorns und des Mammuts.

Erstmals gibt es Hinweise auf die Zubereitung pflanzlicher Nahrung, die mit harten Flussgeröllen zerstoßen, zerstampft und gemahlen wurde. Diese Arbeiten hinterlassen auf den Steinen kleine Aussplitterungen und Schrammen sowie Polituren.

Neu an dieser Küche ist das ›Kochen mit Steinen‹. Mit erhitzten Steinen lässt sich Wasser zum Kochen bringen. Hierzu eignet sich besonders der Quarz, der im Feuer erhitzt wird, bis er ausreichend Wärme gespeichert hat. In das Wasser einer Kochgrube gebracht, bringen die heißen Steine das Wasser recht schnell zum Kochen.

Schmuck vor 40-25.000 Jahren

Der Neue Mensch erkennt sich als Individuum. Mit diesem Bewusstsein entsteht das Bedürfnis, sich von anderen zu unterscheiden oder – umgekehrt – die Zugehörigkeit zu seiner Gruppe zu demonstrieren. Körperbemalung und Schmuck sind Ausdruck dieses Bedürfnisses.

Die vielfältige Schmuckpalette umfasst Perlen und Anhänger aus Elfenbein, Knochen, Zahn, Geweih und unterschiedlichen Steinen. Gerne schmückte man sich mit Muscheln und Schneckenhäusern, die über weite Tauschwege vom Mittelmeer bis in das Mainzer Becken gelangten.

Vermutlich ergänzten Schmuckstücke aus vergänglichen Materialien die Ausstattung – man denke nur an die traditionelle Federtracht nordamerikanischer Ureinwohner. Solche Schmuckbestandteile haben die Unbilden der Jahrtausende jedoch nicht überstanden.

Schmuckschnecken aus dem Mittelmeer (Sprendlingen).

Fragmente von Elfenbeinringen aus der Magdalenahöhle bei Gerolstein in der Eifel.

Vor 25.000 Jahren:
Siedlungsleere am Höhepunkt der letzten Kaltzeit

Vor 25.000 Jahren, am Höhepunkt der letzten Kaltzeit, erreichten die großen Gletscher Mitteleuropa.

Im Norden von Skandinavien und im Süden aus den Alpen kommend ließen sie einen nur schmalen eisfreien Korridor zurück. Extreme Temperaturunterschiede zwischen Tag und Nacht sowie zwischen den Jahreszeiten schufen eine unwirtliche und lebensfeindliche Kältewüste.

Die schwache eiszeitliche Sonneneinstrahlung führte zum Rückgang der Vegetation. So zogen sich selbst kälteliebende Mammuts, Wollnashörner und das Ren weiter nach Süden zurück. Damit fehlte dem Menschen zwischen den Gletschern jegliche Lebensgrundlage.

Nach dem Höhepunkt der letzten Kaltzeit: Die Wiederbesiedlung Mitteleuropas vor 25-15.000 Jahren

Nach dem Höhepunkt der letzten Kaltzeit vor 25.000 Jahren schmolzen die großen eiszeitlichen Gletscher langsam wieder ab. Mit dem Rückzug des nordischen Eisschildes wurde Mitteleuropa für Mensch und Tier wieder bewohnbar.

Vor 23-21.000 Jahren stießen immer wieder erste Jäger- und Sammlergruppen aus Osteuropa in das Gebiet zwischen den Gletschern vor.

Eine regelrechte Einwanderungswelle erfuhr Mitteleuropa vor rund 16.000 Jahren mit der Ausbreitung der Jäger- und Sammlergruppen des sog. Magdalénien aus Südwesteuropa. Möglicherweise geht diese Ausbreitung nicht nur auf eine Zunahme der Bevölkerung, sondern auch auf Verbesserungen der Jagdbewaffnung (Speerschleuder) zurück.

Die etwa 15.000 Jahre alten Fundplätze Gönnersdorf und Andernach illustrieren eindrucksvoll das Leben dieser Pferdejäger am Mittelrhein.

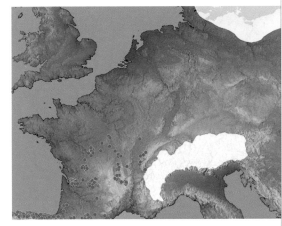

Wiederbesiedlung Mittel- und Nordeuropas nach dem Kältemaximum der letzten Kaltzeit

vor etwa 20.000 Jahren,

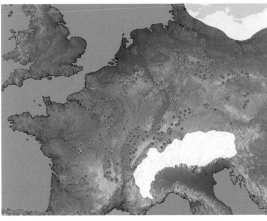

vor 16-15.000 Jahren,

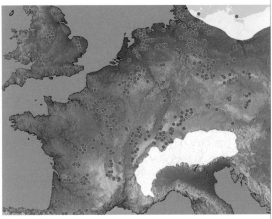

und vor etwa 14.500 Jahren.

Eine durchschlagende Idee:
Die Speerschleuder vor 20.000 Jahren

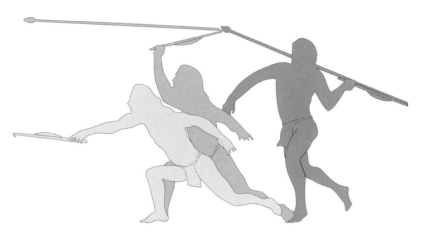

Schema der Handhabe einer Speerschleuder.

Geschossspitzen vom Petersfels (links) und Speerschleuderhakenende aus der Grotte d'Enlene, Frankreich (rechts).

eine verbesserte Hebelwirkung, die die Durchschlagskraft des Speeres um ein Vielfaches erhöht.

Vor 20.000 Jahren revolutionierte eine durchschlagende Idee die Waffentechnologie: die Erfindung der Speerschleuder.

Am Ende solcher Schleudern befindet sich ein Haken, der in das hintere Ende des Speeres greift. So verlängert die Speerschleuder den Wurfarm. Hieraus resultiert

Erhalten blieben nur die aus Geweih gearbeiteten Hakenenden der Schleudern. Das älteste bekannte Hakenende stammt aus Combe Saunière in Südwestfrankreich. In dieser Region wurden die meisten und die am aufwändigsten gestalteten Exemplare gefunden. Speerschleudern wurden vor 20-14.000 Jahren von Spanien bis Thüringen benutzt.

Noch in der jüngsten Vergangenheit waren sie in vielen Teilen der Welt in Gebrauch.

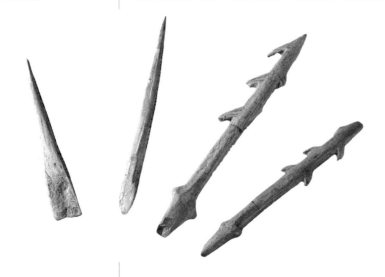

Dörfer auf Zeit vor 15.000 Jahren in Gönnersdorf und Andernach

Treffpunkte von Pferdejägern

Die beiden Siedlungen von Gönnersdorf und Andernach gehören zu den besterhaltenen Fundplätzen des späten Eiszeitalters. Sie geben einzigartige Einblicke in die Kultur und Lebensweise der Jäger- und Sammlergemeinschaften vor etwa 15 000 Jahren.

Das Leben dieser Gemeinschaften wurde wesentlich von ihrer Umwelt und durch den Wechsel der Jahreszeiten geprägt. In kleine-ren Gruppen legten die Menschen oft weite Strecken in der eiszeitlichen Grassteppe zurück. An bestimmten Plätzen trafen sie mit anderen Gruppen zusammen. Dort verbrachten sie gemeinsam einen größeren Teil des Jahres.

Gönnersdorf und Andernach sind zwei solcher Treffpunkte, an denen sich jeweils aus unterschiedlichen Gebieten stammende Menschengruppen begegneten. Diese Siedlungen liegen beiderseits der Engstelle,

Rekonstruktion des Alltagsgeschehens in dem ›Dorf auf Zeit‹ in Gönnersdorf.

durch die der Rhein das Neuwieder Becken nach Norden verlässt. Vorbeiziehende Pferdeherden hatten diese Engstelle zu passieren, und möglicherweise war dies der Grund, gerade hier ›Dörfer auf Zeit‹ anzulegen.

Das Pferdejägerlager von Andernach lag auf der linken Rheinseite, das der Gönnersdorfer Jäger in Sichtweite unmittelbar gegenüber auf der rechten Flussseite. Möglicherweise haben beide Siedlungen sogar gleichzeitig bestanden.

Das Alltagsleben

Die großen Gönnersdorfer Behausungen hatten eine Grundfläche von ungefähr 37 m² und boten genügend Platz für 6-8 Personen – etwa für eine größere Familie.

Das Gerüst dieser Hütte wurde aus schlanken Holzstämmen errichtet, die man aus dem Rheintal holte. Die Häute, die der

Abdeckung der Konstruktion dienten, verspannte man und beschwerte sie mit großen Steinen. Der Wohnraum war durch Steinsetzungen aufgeteilt, der Hüttenboden mit Schieferplatten ausgelegt. Schieferplatten dienten als Arbeitsunterlagen und Zeichenbretter. Mit Gravuren hielt man Bilder und Begebenheiten aus der Natur, aber auch aus der Vorstellungswelt fest.

Die täglichen Arbeiten folgten immer gleichen Regeln und Ordnungen: An einem Arbeitsplatz neben einer Feuerstelle wurden Steinwerkzeuge hergestellt, an einem anderen Jagdwaffen ausgebessert. Nahrung wurde in kleinen Gruben nahe einer Feuerstelle zubereitet und in wiederum anderen Gruben aufbewahrt. Die Schlafplätze lagen im hinteren Teil der Behausung, der durch eine kleinere Feuerstelle beleuchtet wurde.

Tätigkeiten, bei denen viel Abfall entstand und die mehr Platz oder Tageslicht erforderten, wie das Reinigen von Tierfellen, verrichtete man ›draußen‹.

Versorgungslager

Neben den längerfristig bewohnten Basissiedlungen wie Gönnersdorf und Andernach gab es auch kurzzeitig bewohnte Versorgungslager. Hier schlug man nur leichte Stangenzelte auf, die sich gut transportieren und schnell aufbauen ließen.

Ein solches Lager diente der Versorgung mit Nahrung und Rohstoffen. Wie nordfranzösische Fundplätze zeigen, wählte man dafür häufig Engstellen in Flusstälern. Hier wurde das in Herden vorbeiziehende Wild beim Überqueren des Flusses zu einer leich-

Rekonstruktion eines großen Zeltes aus Gönnersdorf.

ten Beute. Auch bei Vorkommen von Feuerstein lagerte man regelmäßig, um dort größere Vorräte an Klingen und Werkzeugen anzulegen, die in den weiter entfernten größeren Siedlungen benötigt wurden.

Austausch und Kommunikation zwischen diesen unterschiedlichen Lagerplät-zen waren Teil eines komplexen, weiträumigen Siedlungssystems. Überregionale Kontakte lassen sich anhand von Schmuckschnecken aus dem Mittelmeerraum rekonstruieren, die man in Gönnersdorf und Andernach fand.

Grabungsplan des Siedlungsplatzes in Gönnersdorf. Zu erkennen sind verschieden dichte, steingesetzte Konzentrationen, die Zeltgrundrissen entsprechen.

Bauelemente

Bestandteil einer Grillvorrichtung? Ein Mammutoberschenkel aus einem Gönnersdorfer Zelt.

Bauelemente der Behausungen waren nicht nur das Gerüst aus schlanken Hölzern oder die unterschiedlichen Gesteine, die den Bau verstärkten und das Innere gliederten.

Auch der Oberschenkelknochen eines Mammuts, der in Gönnersdorf gefunden wurde, übernahm innerhalb der Hüttenkonstruktion eine bestimmte Funktion: Möglicherweise war er Teil einer Grillvorrichtung unmittelbar neben einer Feuerstelle.

Die Datierung des Oberschenkelknochens mit der Radiokarbon-(^{14}C)-Methode zeigte, dass dieser wesentlich älter ist als die Gönnersdorfer Siedlung. Wohl wurde der Mammutknochen als Fossil aufgelesen und für eine Verwendung in der Behausung für gut befunden. Der Fund zeugt damit von einer Tierwelt, die wohl schon zu dieser Zeit aus dem Mittelrheingebiet nach Norden abgewandert war.

Pferdemetzger
an der Andernacher Pforte

Die Hauptbeute der Jäger von Andernach und Gönnersdorf war das Pferd. In und zwischen den Behausungen wurden allein in Gönnersdorf die Reste von fast 60 Tieren gefunden. Von der viel kleineren Grabungsfläche am Martinsberg in Andernach stammen die Knochen weiterer 13 Tiere.

Ein Pferd lieferte 150-250 kg an Fleisch, Fett und anderen genießbaren Teilen. Möglicherweise deckten Pferdefelle die hölzernen Behausungen ab, und sicher fertigte man aus ihnen Kleidung und Decken. Die Schweifhaare der Pferde konnten als ›Garn‹ dienen.

An den Fundplätzen wurden die Reste aller Teile des Pferdes gefunden. Dies zeigt, dass die Jagdbeute vollständig verwertet wurde. Außer Fleisch und Fett wurde auch das Knochenmark verspeist. Um dieses zu gewinnen, wurden die Röhrenknochen in immer gleichen Mustern aufgeschlagen. Diese Arbeiten erfolgten an festgelegten Stellen des Wohnplatzes.

Przewalski-Pferde in der mongolischen Steppe.

Zur Gewinnung von Knochenmark aufgeschlagener Pferdeknochen (Gönnersdorf).

41

Wildbret vor 15.000 Jahren

Auf seinen jahreszeitlichen Wanderungen wurde das Ren häufig Beute des Menschen. Fast alle Körperpartien der Tiere wurden in die Siedlung geschafft und hier verwertet. Abgeworfene Rengeweihe stellten ein wertvolles Rohmaterial dar, aus dem man eine Vielzahl von Geräten anfertigte.

Andere Tierarten wurden nur vereinzelt oder in geringer Zahl erlegt. Hierzu zählen große Wildrinder, die Saiga-Antilope und die Gemse.

Die artenreichen Steppen am Ende der letzten Eiszeit boten dem Menschen ein vielfältiges Nahrungsangebot. So wurde neben dem Pferd eine Reihe anderer Tiere gejagt.

Das kaltzeitliche Trockenklima mit bitterkalten Wintern und relativ warmen Sommern führte am Mittelrhein Tiere zusammen, deren Verbreitungsgebiete heute weit auseinander liegen. Während die Saiga-Antilope in den trockenen Gebieten Mittelasiens zuhause ist, findet man das Ren heute in der Subarktis.

42

Felle, Fisch und Federn

Die Reste der menschlichen Jagdbeute lassen Rückschlüsse auf die Jahreszeit der Besiedlung zu. So weisen die Knochen ungeborener Fohlen, Milchzähne von Ren und Wolf sowie der Ohrknochen einer Quappe auf eine Winterbelegung mancher Behausungen in Gönnersdorf und Andernach hin. Aber auch als Sommerlagerplatz war der Mittelrhein attraktiv, wie Funde von Fußknochen junger Fohlen in Gönnersdorf beweisen.

Je nach Saison ergänzte noch eine Vielzahl weiterer Tiere das Beutespektrum des Menschen, der schließlich nicht nur seinen Hunger stillen, sondern auch den täglichen Bedarf an Rohmaterialien decken musste.

Eisfuchs und Schneehase wurden besonders ihrer begehrten Felle wegen erlegt; die Jäger von Gönnersdorf und Andernach stellten ihnen vermutlich mit Fallen nach. In einer wohl im Winter bewohnten Gönnersdorfer Behausung fanden sich die Reste von mehr als 30 Eisfüchsen sowie 7 Schneehasen.

Der Vogelfang zielte, außer auf das Fleisch der Vögel, auch auf ihre Federn und Krallen ab, die sich als Schmuck verwenden ließen. Neben Schneehuhn, Kolkrabe und

Schwanenknochen aus Gönnersdorf.

Schneeeule wurden auch große Wasservögel wie Schwan und Gans erlegt.

Die großen und ertragreichen Fischarten Lachs und Meerforelle dominierten den Fischfang in Andernach. Die bis zu 1 m langen Fische wurden vermutlich auf ihren Wanderungen zu den Laichplätzen abgepasst.

Vom Kochen ohne Topf

Grube aus einem Gönnersdorfer Zelt.

In den Behausungen von Gönnersdorf und Andernach finden sich häufig Gruben. Während in einigen Gruben Abfall entsorgt wurde, dienten andere zur Aufbewahrung von Vorräten oder Gegenständen. Rätselhaft erschienen zunächst Gruben mit von Hitze zerborstenen und geröteten Quarztrümmern sowie zerschlagenen Tierknochen.

Völkerkundliche Überlieferungen von nordamerikanischen Ureinwohnern weisen

Schema des Kochens ohne Topf.

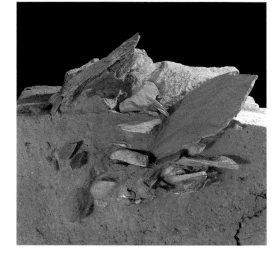

solche Befunde als Gruben zum Auskochen von Knochenfett aus. Mit heißen Steinen brachte man Wasser in einer mit Tierhäuten ausgelegten Grube zum Kochen. Zerkleinerte Tierknochen wurden hierin ausgekocht, um das nahrhafte Fett aus dem Knochenmark zu gewinnen.

Die Kochsteine, die mehrmals erhitzt werden können, bevor sie zerspringen, sind als Quarzgrus überliefert.

Haushaltshilfen –
vom Mahlen, Reiben und Klopfen

In den Behausungen wurden zahlreiche Gerölle und Gesteinsplatten entdeckt, die unterschiedlichen Zwecken dienten.

Einige schalen- oder napfförmig eingetiefte Steine mögen Lampen zur Beleuchtung des Behausungsinneren gewesen sein. Ähnlich einer Öllampe kann geschmolzenes Tierfett mit einem Docht aus Moos eine Flamme mit einer Leuchtkraft von etwa drei Kerzen erzeugen.

Andere steinerne Hohlformen wurden als Mörser und Reibschalen verwendet. Sie tragen Spuren des Zerstoßens von rotem Farbstoff und anderen Materialien. Harte und getrocknete Pflanzenteile wie Samen, Wurzeln und Blätter mussten zerrieben werden, um Nahrung oder Arzneien herzustellen.

Handliche ovale Gerölle unterschiedlicher Größe dienten als Stößel oder Klopfsteine und zum Einmassieren von Fett beim Gerben der Häute. Mit gröberen Haugeräten wurden wahrscheinlich Knochen und Holz bearbeitet.

Große, flache Gerölle wurden gespalten und als Arbeitsplatten beim Schneiden, Reiben und Klopfen verwendet.

Schieferplatte aus Gönnersdorf mit künstlicher Vertiefung – eine Lampe?

Nicht vom Fleisch allein...

Abgesehen von einigen Holzkohlen sind in Gönnersdorf und Andernach keine Pflanzenreste erhalten. Doch gab es in den eiszeitlichen Grassteppen eine große Zahl nutzbarer Pflanzen – benutzte Gesteine tragen Spuren ihrer Verarbeitung.

Pflanzen sind vielseitig verwertbar und fanden nicht nur als Nahrungs-, Würz- oder Heilmittel Verwendung, sondern auch als Rauschmittel, zur Insektenvertreibung, als Brennstoff, Zunder oder zum Transport von Glut, zur Gewinnung von Farbstoffen und Gerbmitteln, als Polstermaterial und Rohstoff für Matten, Körbe, Seile und Gewebe sowie als Schleif- und Poliermittel.

Auch der Körperhygiene dienten pflanzliche Materialien, die als Windeln, Menstruationsschutz, Wundauflagen, Seifen, Shampoos oder Zahnputzmittel dienten.

Da sich kaum pflanzliche Materialien aus dieser Zeit erhalten haben, sind keine präzisen Aussagen zu Umfang und Art der Pflanzennutzung möglich. Analogien aus der Volks- und Völkerkunde (Ethnologie) berechtigen jedoch zur Rekonstruktion der zahlreichen genannten Möglichkeiten. Fragen nach der quantitativen Bedeutung der Pflanzennutzung, etwa zur Vorratshaltung, lassen sich aber nicht beantworten.

Pflanzen der Lösssteppe und ihre mögliche Verwendung

wiss. Name Familie/*Gattung*	deutsche Bezeichnung	mögliche Verwendung
Gräser und Kräuter, stark vertreten		
Artemisia	Beifuß/Wermut	diverse Arten: gegen Insekten und Schädlinge, Polstermaterial (Blätter, Stengel); Zunder, Transport von Glut (Rinde); Würz- und Heilmittel, Nahrungsmittel (Blätter, Stengel)
Gramineae	Süßgräser	Nahrungsmittel (Samen); Rohmaterial für Seile, Garne, Matten, Behälter (Blätter, Stengel)

wiss. Name Familie / *Gattung*	deutsche Bezeichnung	mögliche Verwendung
Sträucher		
Hippophaë	Sanddorn	Nahrungsmittel; Vitamine C, A, B und E (Beeren)
Juniperus	Wacholder	Würz- und Heilmittel, Nahrungsmittel, Tee (Beeren, Blätter, Stengel, Gummiharz)
Landkräuter und Zwergsträucher		
Plantago verschiedene Typen	Wegerich (Spitz-, Breit-, u.a.)	Heilmittel, Nahrungsmittel, Tee (Blätter, Samen)
Rumex-Oxyria-Typ	Ampferart	Heilmittel, Nahrungsmittel (Blätter, Wurzeln, Samen)
Thalictrum	Wiesenraute	Heilmittel, Farbstoff (gelb – Blätter)
Helianthemum	Sonnenröschen	
Filipendula	Mädesüß, Spierstaude	Heilmittel, Nahrungsmittel (Wurzeln, Blätter)
Ephedra *distachya*-Typ	Meerträubel	Heilmittel, Nahrungsmittel (Beeren, Kraut)
Epilobium	Weidenröschen	Nahrungsmittel, Tee, Öl (Blätter, junge Stocksprossen, Samen, Wurzeln); Samenwolle kann versponnen werden
Dryas-Typ	Silberwurz	Heilmittel (Blätter)
Sanguisorba *minor/officinalis*	Kleiner/Großer Wiesenknopf	Heilmittel, Nahrungsmittel (Blätter, Wurzelstock, Kraut)
Cornus suecica	Schwedischer Hartriegel	Beeren essbar
Centaurea *scabiosa*-Typ	Flockenblume, Kornblume	*Centaurea montana*: Heilmittel (Blüten)
Astragalus-Typ	Bärenschoten-Art	Saft aus Wurzeln zur Herstellung von Lakritz, süßholzähnlich
Calluna	Besenheide, Heidekraut	Tee, Heilmittel (Blätter, Blüten); Brennstoff, Baumaterial, Besen; Farbstoff (orange – Äste, Blätter)
Empetrum	Krähenbeere	Beeren essbar, wenig Säuren; Vitamin C; Farbstoff (gelb – Äste, Blätter)
Vaccinium-Typ	verschiedene Beerenarten: Heidel-, Preisel-, Rauschbeere	Nahrungsmittel, Heil- und Rauschmittel (Beeren)

wiss. Name Familie/*Gattung*	deutsche Bezeichnung	mögliche Verwendung
Saussurea-Typ	Asterngewächse, z.B. Alpenscharte, Siegwurz, Kostuswurzel	Heilmittel (Wurzeln, ätherische Öle)
Polygonum bistorta-Typ	Wiesen-Knöterich, auch als »Eskimo potato« bezeichnet	Nahrungsmittel, Heilmittel (Blätter, Wurzeln, Stengel, Samen)
Linum catharticum	Lein, Flachs	Seilwerk, Matten usw. (Fasern); Nahrungsmittel, Öl (Leinsaat)
Succisa-Typ	Teufelsabbiss	Nahrungsmittel (Blätter), Heilmittel (Wurzelstock)
Saxifraga	Steinbrech	diverse Arten: Nahrungsmittel (Blätter, Stengel, Blüten)

Wasser- und Sumpfpflanzen

Alismataceae	z.B. Froschlöffel	frisch giftig; Heilmittel (Blätter, Wurzelstock)
Potamogeton	Laichkraut	
Littorella	Strandling	
Myriophyllum	Tausendblatt	
Batrachium-Typ	Wasser-Hahnenfuß	
Cyperaceae	Sauergräser, u.a. Binsen, Ried	Flechten von Matten u.Ä. (Blätter, Stengel)
Typha latifolia	Rohrkolben	Nahrungsmittel (Wurzelstock, Wurzeln, Stengel, Triebe, Samen); Rohmaterial für Geflechte und Garne (Fruchtwolle, Blattfasern); Heilmittel (Wurzeln, Pollen)
Nymphaea	Weiße Teichrose, Wasserlilie	Nahrungsmittel (Wurzelstöcke, Blätter, Samen)
Sparganium-Typ	Igelkolbengewächse	Ästiger Igelkolben: Nahrungsmittel (untere Stengelteile); Dachdecken (Bandblätter); Rohmaterial (Stengel, Fasern)

Sonstige vertretene Pflanzenfamilien (Kräuter und Sträucher)

Chenopodiaceae	Gänsefußgewächse	z.B. weißer Gänsefuß oder Guter Heinrich: Nahrungsmittel (Blätter, Samen, Sprossen)
Tubuliflorae (=Asteraceae)	röhrenblütige Körbchenblütler	Schafgarbe: Gewürz- und Heilmittel, Tee (Blüten, Blätter). Verschiedene Arten von Kratzdisteln: Nahrungsmittel (junge Köpfchen, Triebe, Blätter, Wurzeln)

wiss. Name Familie/*Gattung*	deutsche Bezeichnung	mögliche Verwendung
Ranunculaceae	Hahnenfußgewächse, z.B. Scharbockskraut, Sumpf-dotterblume, kriechender Hahnenfuß	viele Arten giftig, nur teilweise essbar (z.B. junge Blätter, Blütenknospen, Stengelspitzen, Wurzeln, Triebe)
Rosaceae	Rosengewächse, z.B. Wild-rose, Hundsrose, Himbeere, Vogelbeere, Weißdorn, Erdbeere	Nahrungsmittel, Aromastoff, Tee (Blüten, Blätter, Früchte [Vitamin C], Kerne, Triebe)
Rubiaceae	Labkraut-, Rötegewächse, Waldmeister	Nahrungsmittel, Tee (Beeren, getrocknete Blätter, Triebe)
Umbelliferae (=Apiaceae)	Doldenblütler, u.a. Sellerie, Möhre, Petersilie, Kümmel, Fenchel, Giersch, Bibernelle, Dill	Nahrungs-, Heil- und Gewürzmittel (Wurzelstock, Blätter, Samen)
Campanulaceae	Glockenblumengewächse wie Glockenblume, Teufels-kralle, Rapunzel	Nahrungsmittel (junge Blätter, Wurzeln, Stengel, Sprossen)
Cruciferae (= Brassicaceae)	Kreuzblütler, z.B. Rettich, Wildkohl, Kresse, Rübsen, Raps, Senf, Radieschen	Nahrungs- und Gewürzmittel (Blätter, Wurzeln, Samen)
Liguliflorae (=Cichoriaceae)	zungenblütige Körbchenblütler, z.B. Wegwarte (Zichorie), Löwen-zahn, Schwarzwurzeln, Salat, Habichtskraut, Bocksbart	Nahrungsmittel (Wurzeln, Blätter, Sprossen)
Papilionaceae (=Fabaceae)	Schmetterlingsblütler, z.B. Klee, Luzerne, diverse Hülsenfrüchte	Nahrungsmittel (Blätter, Blüten, Samen, Wurzeln)
Boraginaceae	Rauhblattgewächse, z.B. Borretsch	Gewürzpflanze, Heilpflanze (Blätter, Samen)
Caryophyllaceae	Nelkengewächse	Nahrungsmittel, Heilmittel, z.B. Leimkraut, Sternmiere (junge Blätter, Sprossen). Seifenkraut: Wurzel als Heilmittel, Blätter und Stengel gerieben als Seife
Labiatae (=Lamiaceae)	Lippenblütler	Würzkräuter, teilweise mit Heilwirkung, z.B. Majoran, Bohnenkraut, Rosmarin, Thymian, Salbei, Minze
Ericales	Heidekrautgewächse	s. *Calluna*

wiss. Name Familie/*Gattung*	deutsche Bezeichnung	mögliche Verwendung
Sporen		
Lycopodium	Bärlapp	Rauschmittel, Heilmittel (Stengel, Sporen)
Selaginella	Moose, Moosfarn	Moos für Lampendochte, Windeln, Menstruations-schutz
Equisetum	Schachtelhalm	verschiedene Arten, einige giftig; Heilmittel, Schleif- und Poliermittel (Halme); Rohmaterial für Körbe (Wurzeln); Farbstoff (Stengel); Nahrungsmittel (junge Triebe, getrocknete Pflanze, Wurzeln)
Sphagnum	Torf-, Sumpfmoos	bevorzugt für Windeln, Säuglingspflege allgemein, Menstruationsschutz, Wundauflagen
Bäume		
Betula; Betula nana	Birke, Zwergbirke	Heilpflanze, Seifenpflanze (Blätter, Knospen); Roh-material für Behälter, Birkenpech (Rinde); Nahrungs-mittel (innere Rinde [Kambium])
Salix	Weide	Heilmittel (Rinde salicylhaltig); Nahrungsmittel (innere Rinde, Blätter, Sprossen); Zunderholz, Transport von Glut (verrottete Wurzeln); Rohmaterial für Seile, Schlingen, Netze (Zweige und Rinde); Hygiene: Zahn-bürste (Zweige), Windeln, Wundauflagen, Menstru-ationsschutz (zerkleinerte Rinde)
Pinus	Kiefer	Heilmittel (Triebe, Nadeln, Äste, Zweige; Harze enthal-ten ätherische Öle); Nahrungsmittel (Samen, Kambi-um); Gerbmittel (verfaultes Holz); Holzteer

Verändert nach: Gisela Schulte-Dornberg, Genutzte Felsgesteine und Gerölle im Magdalénien von Andernach-Martinsberg und ihre mögliche Funktion (Magisterarbeit Universität Köln 2000) S. 155-167.

Steine erzählen: das Werkzeug-Set. Steinerne Souvenirs von den Wanderungen durch die Grassteppe

Im Bereich der Behausungen wurden zahlreiche Steingeräte gefunden. Oft wurden diese an bestimmten Plätzen hergestellt, aber an gänzlich anderer Stelle verwendet oder nachgeschärft. Kleinste Absplisse, die bei der Herstellung und Nachschärfung der Geräte anfielen, erlauben die Lokalisierung dieser Arbeitsprozesse.

Langschmale steinerne Messer, so genannte Klingen, wurden von sorgfältig präparierten Kernen abgeschlagen. Die Kantenpartien vieler solcher Klingen wurden wie genormte Werkzeugformen für jeweils spezielle Aufgaben zugerichtet.

Das Werkzeug-Set beinhaltete scharfkantige Rückenmesser, die in Schäften aus Holz oder Geweih eingesetzt waren. Kratzer mit halbrunden Arbeitsenden verwendete man zum Reinigen der Felle. Mit so genannten Sticheln, deren Funktionsenden spitz und stabil waren, ließen sich Geweih, Knochen oder Elfenbein bearbeiten. Mög-licherweise dienten sie auch als ›Griffel‹ zum Gravieren. Mit groben und feinen Bohrern konnte man Nadeln, Schmuckanhänger und Rondelle oder Häute durchstechen. Ausgesplitterte Stücke zeugen von einer Verwendung als Meißel.

Die Jäger- und Sammlergruppen, die in Gönnersdorf und Andernach zusammentrafen und hier ihre Behausungen bauten, hatten unterwegs große Mengen von Feuersteinen aufgesammelt. Solche Rohstoffvorräte wurden über eine Entfernung von mehr als 100 km transportiert und am Siedlungsplatz nach und nach bei der Herstellung von Steinwerkzeugen aufgebraucht.

Anhand solcher ortsfremden Materialien lassen sich die Herkunftsgebiete und Wanderrouten des Menschen rekonstruieren. Ein Teil der Gruppen aus Gönnersdorf und Andernach kam demnach aus dem Maasgebiet, ein anderer aus der norddeutschen Tiefebene.

Alltägliche Meisterwerke

Fragment eines Mammut-
stoßzahns mit tiefen Rillen
der Spangewinnung
(Andernach).

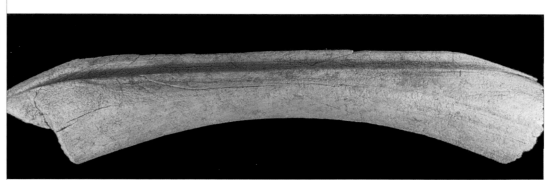

Gewinnung von Geweih-
spänen (Andernach).

Die Jagdbeute der Gönnersdorfer und Andernacher Jäger- und Sammlergruppen diente nicht nur der Ernährung. Knochen, Geweih und Elfenbein waren wertvolle Roh-materialien, aus denen nicht nur Gebrauchs-gegenstände des täglichen Lebens, sondern auch Kunstwerke gefertigt wurden.

Knochen- und Geweihspäne verarbeite-te man zu Nadeln oder Geschossspitzen. Selbst die Abfallstücke der Spangewinnung wurden offensichtlich als nützlich erachtet. Zumindest regten sie die Phantasie einiger ›Künstler‹ an, wie das Beispiel eines Vogelkopfes aus Andernach zeigt. Wenige

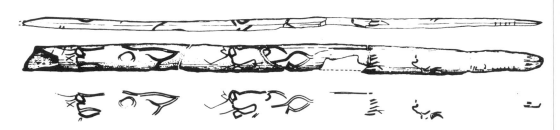

Verziertes Elfenbeinprojektil (›baguette-demironde‹) aus Gönnersdorf.

Gravurlinien genügten, um Augen, Schnabel und das Gefieder anzudeuten und die Geweihrose – eigentlich ein Abfallstück der Geweihverarbeitung – in eine sehr lebendig wirkende Vogelfigur zu verwandeln.

Tierdarstellungen finden sich auch auf den fertigen Geschossspitzen. Halbrunde Geweihstäbe, so genannte baguettes-demirondes, fügte man paarweise zu zylindrischen Geschossspitzen zusammen. Funde solcher Stücke aus Gönnersdorf tragen Gravuren von Bärenköpfen sowie vom Kopf einer Hirschkuh – Dekorationen, die weit über die technische Funktion der Stücke hinausgehen.

Skulptierter Vogel aus einer Abwurfstange des Rens (Andernach).

Harpune aus Andernach.

Rondelle: runde Rätsel

In Gönnersdorf und Andernach fanden sich im Bereich der Behausungen zahlreiche Rondelle. Dabei handelt es sich um runde, in der Mitte durchbohrte Scheiben, die überwiegend aus Schiefer, aber auch aus Elfenbein und Rengeweih angefertigt wurden. Die einzelnen Arbeitsschritte der Rondellherstellung lassen sich an unfertigen Stücken nachvollziehen.

Allein in Gönnersdorf wurden fast 400 derartige Rondelle gefunden. Rund ein Fünftel ist mit Symbolen oder Tierdarstellungen verziert.

Die Funktion der Rondelle ist unbekannt: Sie mögen als Schmuck oder an den Abdeckungen der Behausungen als Knebel oder Knöpfe zum Verbinden der Zeltplanen gedient haben.

Elfenbeinrondell aus Gönnersdorf.

Graviertes Schieferrondell aus Gönnersdorf.

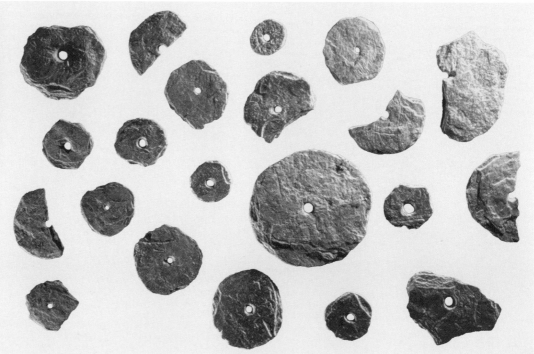

Schieferrondelle – runde Rätsel aus Gönnersdorf.

Aus dem Schmuckkästchen: von Zähnen, Muscheln und Schnecken

Das Bedürfnis, sich zu schmücken, ist so alt wie der Neue Mensch selbst. Dem Wandel der Zeit unterworfen sind nur die Formen und Materialien seiner Schmuckstücke. Auch in den Behausungen von Gönnersdorf und Andernach wurden zahlreiche Schmuckgegenstände sowie die Abfälle ihrer Herstellung gefunden.

Das Spektrum der verwendeten Materialien reicht von Knochen und Tierzähnen über Fossilien bis hin zu Schnecken und Muschelschalen. Auch Farbstoffe wie Hämatit, Ocker oder Holzkohle wurden verwendet. Aus schwarz glänzendem Gagat, einem fossilen Holz, stellte man in Gönnersdorf und Andernach Perlen her.

Durchbohrte Zähne von Eisfüchsen wurden als Anhänger oder Kleiderbesatz verwendet. Besonders begehrt waren so genannte Hirschgrandeln, verkümmerte

Hämatit – ein steinzeitlicher Farbstoff (Gönnersdorf).

Hirschgrandeln aus Gönnersdorf.

Bohrer aus Feuerstein und
Schmuck aus fossilem Holz
(Gönnersdorf).

Eckzähne von Hirschen. Vielleicht war ihr
Besitz auch mit einem bestimmten Prestige
verbunden – darauf deuten Imitationen aus
anderen Materialien hin.

Manche Schmuckstücke wie Schnecken-
häuser aus dem Mittelmeer bezeugen
Tauschbeziehungen unterschiedlicher Gruppen über weite Räume hinweg.

›Amulett‹ aus Rentier-
zähnen (Gönnersdorf).

Eiszeitliche Kunst

Die Jäger- und Sammlergemeinschaften, die vor ca. 15.000 Jahren in Andernach und Gönnersdorf lebten, haben einzigartige Kunstwerke hinterlassen. Vor allem auf Schieferplatten wurden Frauen, eiszeitliche Tiere, Symbole und Phantome graviert.

Den fast 400 stark schematisierten Frauenfiguren kommt dabei eine besondere Bedeutung zu, kann man doch hier die Anfänge der abstrakten Kunst festmachen.

Gravierte Frauendarstellungen (links), zwei Venusstatuetten (links unten) und mit Gittermuster verzierte Frauendarstellungen (rechts unten) aus Gönnersdorf.

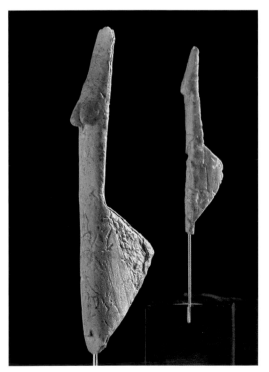

57

Pferdegravuren und Darstellung eines Phantasietiers (Hase?) aus Andernach.

Sie stehen in ihrer Darstellungsweise in klarem Gegensatz zu den naturalistisch wiedergegebenen Tieren der Eiszeit wie Pferd und Mammut.

Die dritte Gruppe, die Symbole und Phantome, sind in ihrer Bedeutung noch nicht eindeutig entschlüsselt. Bei den Phantomen könnte es sich um mächtige Naturgeister handeln.

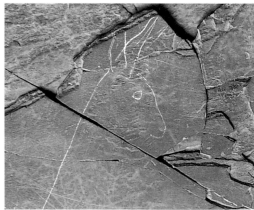

Mammutdarstellungen aus
Gönnersdorf.

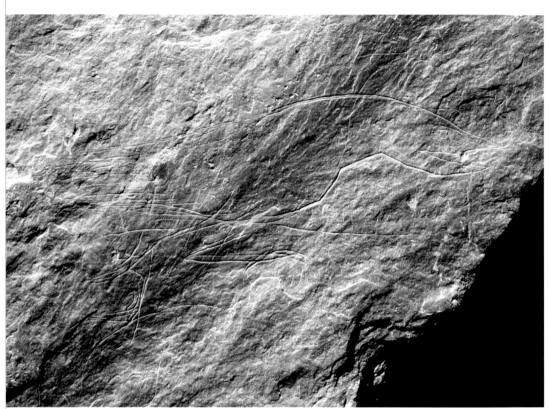

Darstellung eines Raben
(Gönnersdorf).

Darstellung eines Schnee-
huhns (Gönnersdorf).

Rendarstellung aus
Andernach.

Zwei ›Phantome‹ aus Gön-
nersdorf: ›Max und Moritz‹.

Die letzten Jäger und Sammler
im Rheinland vor 14.500-7.500 Jahren

Mit der Erwärmung am Ende der Eiszeit kam es zu einer explosionsartigen Zunahme der Bevölkerung. Der Mensch erschloss sich auch die nun eisfrei gewordenen Gebiete im Norden Europas. Die Ausbreitung von Wäldern in Mitteleuropa verlangte ihm die Entwicklung neuer Überlebensstrategien ab.

Diese Prozesse führten zu tiefgreifenden Veränderungen in der Lebensweise der Menschen. Mit Pfeil und Bogen stellten die Jäger den standorttreuen Tieren der Wälder nach, die die großen Herdentiere der eiszeitlichen Steppen nach und nach ablösten. Diese Veränderungen beeinflussten auch das Siedlungsverhalten der Menschen. In kleinen, sehr mobilen Gruppen wechselten sie in rascher Folge ihre Lagerplätze.

Pflanzliche Nahrung und Fischfang gewinnen an Bedeutung. Durch die intensive Sammeltätigkeit wurde die Umgebung eines Lagerplatzes stärker genutzt. So entstanden kleinere und begrenzte Territorien, die dichter besiedelt wurden.

Aus dem Wolf gezüchtet, wurde der Hund zum Haustier und ständigen Begleiter des Menschen. Er hütete die Lager, half bei der Jagd, wurde aber auch gegessen.

Mit der Annahme von Ackerbau und Viehzucht vor etwa 7.500 Jahren endet in unserer Region schließlich die rund 600.000-jährige Geschichte der Jäger und Sammler am Rhein.

Mit Pfeil und Bogen – die letzten Jäger und Sammler im Rheinland

Vor 14.500 Jahren änderte sich das Klima schlagartig; in Mitteleuropa wurde es wärmer und merklich feuchter. Rasch breiteten sich hier zunächst noch von Birken und Kiefern dominierte Wälder aus.

Selbst ein Kälterückschlag vor 12.800-11.600 Jahren vermochte die fortschreitende Wiederbewaldung Mitteleuropas nicht aufzuhalten, und so entstanden nach und nach die für unsere Breiten charakteristischen Laubmischwälder.

Der Mensch sah sich einer gänzlich anderen Umwelt gegenüber und hatte sich den veränderten Bedingungen anzupassen: Die Jagd mit der Speerschleuder machte in der bewaldeten Landschaft keinen Sinn mehr. Der Bogen war in den Wäldern einfacher und effektiver zu handhaben. Bis zur Erfindung der Feuerwaffen in der frühen Neuzeit blieb der Bogen die wichtigste Fernwaffe.

Vor 13.000 Jahren:
der Ausbruch des Laacher-See-Vulkans

Fährte eines Bären in den Aschen des Laacher-See-Vulkanausbruches aus Mertloch.

In Ablagerungen des Laacher-See-Vulkans erhaltene Löwenzahnblüte.

Im späten Frühjahr vor etwa 13.000 Jahren ereignete sich die wohl größte Katastrophe in der langen vulkanischen Geschichte des Mittelrheingebietes.

Mit der Explosion des Laacher-See-Vulkans wurde das gesamte Mittelrheinische Becken verwüstet und unter mächti-gen Bims- und Ascheschichten begraben. Unter und in diesen Ablagerungen blieb die Lebenswelt der Jäger- und Sammlergruppen dieser Zeit in einer einzigartigen Moment-aufnahme erhalten – ein steinzeitliches Pompeji.

In weniger als zwei Wochen wurde eine tierreiche Waldlandschaft in eine tote Aschenwüste verwandelt. Die Katastrophe blieb keineswegs auf das Mittelrheingebiet beschränkt: Aschen des Laacher-See-Aus-bruchs wurden nach Norden bis Mittel-schweden und nach Süden bis Italien ver-weht. Das Klima kühlte sich ab, und in wei-ten Teilen Europas schädigte saurer Regen die Vegetation.

Trotz des Ausmaßes des Vulkanaus-bruches waren die Folgen – wie bei allen Naturkatastrophen – nur von kurzer Dauer. Schon bald eroberten erste Pflanzen diese Region zurück, Tiere folgten. Auch die vor dem Vulkanausbruch geflüchteten Men-schen kehrten nun heim.

Vor 14.500-12.800 Jahren:
Lager in lichten Wäldern

Am Mittelrhein sind sechs Siedlungs-stellen aus der Zeit des Laacher-See-Vul-kanausbruchs vor 13.000 Jahren bekannt: Niederbieber, Andernach, Urbar und Kettig im Neuwieder Becken sowie Boppard im Süden und Bad Breisig im Norden. Darüber hinaus kennen wir mehrere Plätze, die nur kurz von kleineren Jagdgemeinschaften auf-gesucht wurden.

Funde an den größeren Aufenthalts-orten geben Hinweise auf das Siedlungs-verhalten der Menschen: Im Mittelpunkt kleiner, wohl transportabler Stangenzelte wärmten und erhellten Feuerstellen den Innenraum. Sie dienten als Kochstellen und bildeten das Zentrum des sozialen Lebens. Auch unter freiem Himmel wurden Feuer-stellen betrieben, in denen häufig der Abfall verbrannt wurde, wie feuerverfärbte Stein-werkzeuge und verkohlte Knochen zeigen. Andere Speisereste bekamen die Hunde im Lager.

An verschiedenen Werkplätzen arbeitete man mit Steingeräten. Die Herkunft der zur Geräteherstellung verwendeten Gesteins-arten weist auf frühere Aufenthalte dieser Menschen wie auch auf Kontakte zu Grup-pen in anderen Gebieten hin.

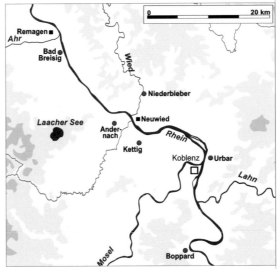

Fundplätze aus der Zeit des Laacher-See-Ausbruches vor etwa 13.000 Jahren (links).

Plan der Fundkonzentrati-onen am späteiszeitlichen Fundplatz Niederbieber (unten).

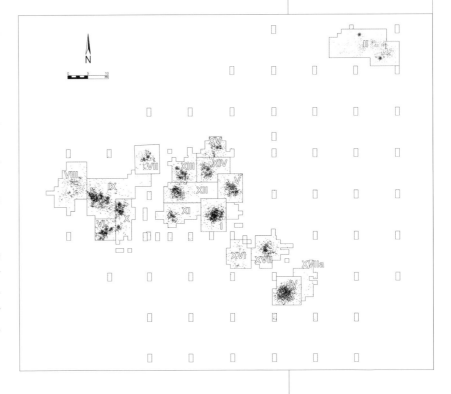

Vor 14.500-12.800 Jahren:
Jagd in lichten Wäldern

Wann und wo die Idee von Pfeil und Bogen zuerst aufkam, ist ungeklärt. Erste Pfeilbewehrungen in Form kleiner, ›Federmesser‹ genannter Spitzen treten europaweit vor etwa 14.500 Jahren auf. Doch nur ein exakt gearbeiteter Pfeil trifft. So sind aus dieser Zeit auch ›Pfeilschaftglätter‹ bekannt, mit denen – paarweise verwendet – die hölzernen Pfeilschäfte in eine kerzengerade Form ›geschmirgelt‹ wurden.

Auf einem rund 13.000 Jahre alten Schaftglätter aus Niederbieber sind die schon aus der Zeit der Pferdejäger von Gönnersdorf und Andernach bekannten Frauendarstellungen eingeritzt. Dies verdeutlicht, dass trotz der Umstellung auf ein Leben in lichten Wäldern alte Traditionen gewahrt und weitergegeben wurden.

Letzte Überlebende der verschwundenen eiszeitlichen Herdentiere waren die Pferde, die aber nur noch eine bescheidene Rolle als Jagdbeute spielten.

Die Bogenschützen dieser Zeit setzten hauptsächlich auf Rotwild und Elche an. Auch jagten sie große Wildrinder. Am Rhein und seinen Zuflüssen wurden Biber erlegt.

Harpune aus Kettig.

Pfeilschaftglätter aus Buntsandstein vom späteiszeitlichen Fundplatz Niederbieber.

Pfeilspitze: ›Federmesser‹ aus dem späteiszeitlichen Wald von Miesenheim 2.

Lauern auf Rentiere –
der Kartstein vor 12.000 Jahren.

Wieder kalt – eine Renherde durchzieht die Tundra.

Die Lebensweise der letzten Jäger und Sammler überdauerte auch die kältere Klimaphase vor 12.800-11.600 Jahren.

Im Norden Europas breiteten sich letztmalig offene Lebensräume aus. In unseren Breiten sind kälteangepasste Tierarten wie Eisfuchs und Schneehuhn für diese Zeit charakteristisch. Renherden durchzogen diese Landschaften und wanderten im Frühjahr bis in die angrenzenden Mittelgebirge.

Ihnen stellten Jägergruppen nach, deren Pfeile mit kleinen, gestielten Spitzen bewehrt waren. Am Kartstein bei Mechernich in der Nordeifel liegt ein Jagdplatz dieser Stielspitzengruppen an der Engstelle eines Tals. Hier lauerten die Menschen den durchziehenden Renherden auf.

Der Hund tritt hier als Jagdgefährte des Menschen in Erscheinung.

Stielspitzen – gestielte Pfeileinsätze vom Kartstein in der Nordeifel.

67

Vor 11.000 Jahren: Leben am Fluss –
ein Tag wie jeder andere?

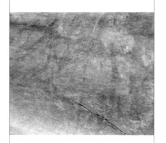

Schnittspuren auf dem Schulterblatt eines Auerochsen (Bedburg-Königshoven).

Während der Sommermonate vor 11.000 Jahren hatte sich eine Gruppe von Jägern direkt am Ufer eines Altarmes der Erft niedergelassen. Im seichten Wasser des Flusses bei Bedburg-Königshoven am Niederrhein waren die Abfälle leicht zu entsorgen. Unter Wasser hat sich der alltägliche ›Hausmüll‹ der letzten Jäger und Sammler bis in die heutige Zeit hervorragend erhalten. Lediglich die Farbe der Funde hat sich durch den sie umgebenden Torf, der sich im Laufe der Jahrtausende gebildet hat, verändert.

Die Knochen von Rothirsch, Reh, Pferd, Wildschein und vor allem Auerochsen belegen eine vielfältige und intensive Nutzung der Jagdbeute. Alles wurde verwertet: nicht nur Fleisch und Knochenmark, sondern auch das Fell und die Sehnen. Vögel und Fische sorgten für Abwechslung auf dem Speiseplan. Zahlreiche Bissspuren auf den Knochen zeigen, dass auch hier Hunde zum alltäglichen Leben dazugehörten.

Unbrauchbar gewordene Jagd- und Arbeitsgeräte aus Stein und Knochen wurden ebenfalls ins Wasser geworfen. Kleine steinerne Bewehrungen, so genannte Mikrolithen, zeugen von der Reparatur der Jagdpfeile. Für die Bearbeitung von Fellen wurden Kratzer benötigt. Sicher gerieten manche Fundstücke auch nur versehentlich ins Wasser, wie etwa Anhänger aus durchbohrten Tierzähnen.

Der systematisch aufgeschlagene Unterkiefer eines Auerochsen (Bedburg-Königshoven).

Vor 11.000 Jahren: Leben am Fluss – auf den Hund gekommen

Auerochsen waren die wichtigste Jagdbeute im niederrheinischen Bedburg-Königshofen. Überreste des erlegten Wilds in der Siedlung belegen eine vollständige Verwertung.

Auch das erste Haustier, der Hund, brachte dem Menschen vielfältigen Nutzen: Er hielt die Lager sauber, indem er die Nahrungsabfälle der Menschen fraß. Auf der Jagd spürte der Hund das Wild auf und stellte es. Den Kindern war er wohl Spielgefährte.

Darüber hinaus geben Schnittspuren auf den Knochen eines jungen Tieres den Hinweis, dass man den Hund auch als Nahrungsquelle nutzte. Ebenso fand sein Fell sicher Verwertung.

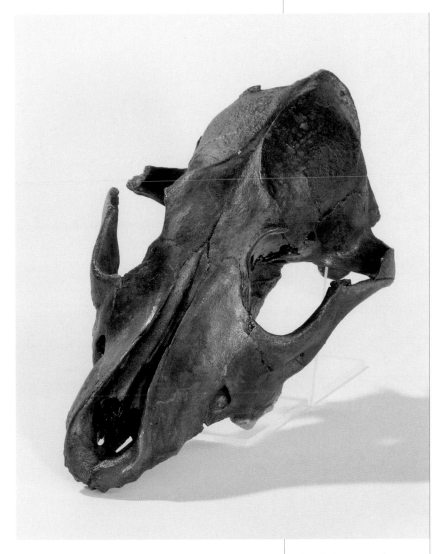

Mit Schnittspuren übersäter Schädel eines Haushundes (Bedburg-Königshoven).

69

Vor 11.000 Jahren: Leben am Fluss – Schamanen, Mittler zwischen den Welten

In Bedburg-Königshoven am Niederrhein ist das alltägliche Leben vor 11.000 Jahren durch den ›Hausmüll‹ der Jäger und Sammler in einzigartiger Weise überliefert. Um so erstaunlicher ist der Fund zweier seitlich durchlochter ›Hirschgeweihmasken‹ inmitten dieses Abfalls.

Frühe ethnographische Darstellung eines sibirischen Schamanen.

Der ›Zauberer‹, ein Tier-Mensch-Mischwesen, aus der Höhle von Les-Trois-Frères in Südwestfrankreich.

Hinweise auf ähnliche Funde kennen wir aus der eiszeitlichen Höhlenkunst: Tief im Inneren der Höhle von Les-Trois-Frères im südfranzösischen Pyrenäenvorland trägt ein mystisches Wesen mit einer Kombination menschlicher Attribute und solchen verschiedener Tiere auch ein kapitales Geweih. Dieses Mischwesen scheint zwischen der sichtbaren Welt der Lebenden und der verborgenen Welt der Geister zu vermitteln. Es symbolisiert eine neue Dimension der menschlichen Ausdrucksweise und seiner geistigen Vorstellungskraft.

Bislang sind nur einige wenige vergleich-
bare Masken aus England und Mecklenburg
bekannt. Den Vergleichsfunden wurden die
Geweihstangen abgeschlagen; auch sind sie
in anderer Weise durchlocht.

Noch heute führen die Schamanen sibiri-
scher Jägervölker mit Hilfe von Trommeln
und Masken einen Zustand der Trance her-
bei, um in Kontakt mit der Welt der Geister
zu treten. Mit den Hirschgeweihmasken aus
Bedburg-Königshoven werden solche religiösen Praktiken erstmals im archäologischen
Befund sichtbar.

Die Anfänge dieser Form der Spiritualität
lassen sich bis zum Beginn der Kunst vor 40-
30.000 Jahren zurückverfolgen. Sie zeigen
sich bereits im ›Löwenmenschen‹ aus dem
süddeutschen Hohlenstein-Stadel.

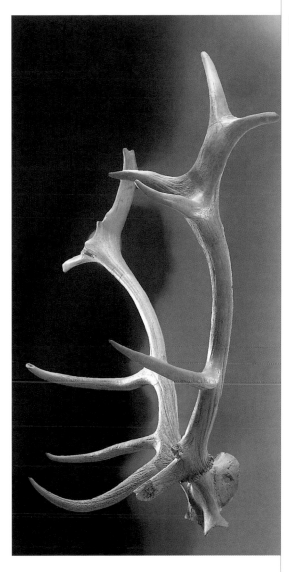

Hirschgeweihmaske vom
niederrheinischen Fundplatz
Bedburg-Königshoven.

Das museumspädagogische Angebot
im Museum für die Archäologie des Eiszeitalters

Museumspädagogik im Museum für die Archäologie des Eiszeitalters.

Eine wichtige Zielgruppe der museumspädagogischen Arbeit sind Kinder und Jugendliche. Ausgebildete Fachkräfte führen jedes Jahr unzählige Kindergartengruppen sowie Schulklassen aller Jahrgangsstufen und Schultypen durch die Ausstellung und lassen Geschichtsunterricht ›begreifbar‹ werden.

Ein ungewöhnlicher Kindergeburtstag mit Ausgrabungsaktionen in der hauseigenen Höhle gehört ebenso zu den besonderen Erlebnissen wie die adventliche Vorlesestunde auf kuscheligen Fellen in der ›Kuschelhöhle‹. Experimentelles Arbeiten wie das Anfertigen von Steingeräten, eiszeitlichem Schmuck oder Gravieren von Schieferplatten ist stets sehr gefragt.

Ständig wird das Angebot an Aktivitäten erweitert und auf die jeweiligen Personengruppen abgestimmt. Themenbezogene Spezialführungen und Sonderausstellungen bereichern das Spektrum des Angebots.

Abbildungsnachweis

Einband, S. 11, 14, 44 unten: Michael Ober; S. 1-3, 9 oben, 9 unten rechts, 17 oben, 19 unten, 21, 23-24, 29, 42, 52 oben, 53-54, 55 unten, 58 oben, 60, 61 unten, 64 unten, 66 rechts, 66 unten, 67 oben, 70: Bildarchiv des Forschungsbereiches Altsteinzeit des RGZM/Gerhard Bosinski/Petra Schiller; S. 5, 7, 9 unten links, 12-13, 15-16, 25-26, 28 unten, 35, 36 unten rechts, 39, 65, 66 links, 67 unten, 68, 74: Olaf Jöris; S. 8, 19 oben, 20, 30-32, 33 oben, 36 unten links, 40, 41 unten, 43, 44 oben, 45, 52 unten, 55 oben, 56, 57 oben, 57 unten links, 69, 71-72: Claudia Helle-brand-Kosche; S. 10 oben: Regina Hecht; S. 10 unten: Sabine Gaudzinski-Windheuser; S. 17 unten: Naturhistorisches Museum Mainz; S. 22: Landesbildstelle Koblenz; S. 28 oben: französisches Ministerium für Kultur und Kommunikation, archäologische Abteilung der Regionaldirektion für Kulturangelegenheiten; S. 33 unten: Johanna Hil-pert; S. 36 oben, 44 unten, 63: Martina Sensburg; S. 37: Landesdenkmalamt Koblenz-Ehrenbreitstein/ Bildarchiv des Forschungsbereiches Altsteinzeit des RGZM; S. 38: Gerhard Bosinski; S. 41 oben: Elaine Turner; S. 57 unten rechts, 58 unten links und unten rechts, 59, 61 oben: Alan Schmitt und Regina Hecht/Bildarchiv des Forschungsbereiches Altsteinzeit des RGZM; S. 64 oben: Michael Baales.

Gestaltung der Ikonen: Regina Hecht, Petra Schiller und Martina Sensburg.

Verlag und Autoren danken allen Leihgebern für die Bereitschaft, Bildmaterial für diese Publikation zur Verfügung zu stellen. Leider war es nicht in allen Fällen möglich, die Inhaber der Urheberrechte zu ermitteln. Etwaige Ansprüche kann der Verlag bei Nachweis regeln.

Anfahrt

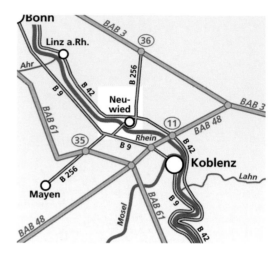

Aus Koblenz über die B 42:

Richtung Neuwied-Linz-Bonn, an der 3. Ampel rechts abbiegen in Richtung Nieder-bieber-Segendorf, am Werk ›Rasselstein‹ vor-bei. In Niederbieber links abbiegen (Hinweis-schild Museum Monrepos), Wiedbrücke überqueren, nach rechts einbiegen. Weitere Schilder beachten.

Aus Trier über die A 48 oder aus Mainz-Ludwigshafen über die A 61:

Über das Koblenzer Kreuz auf die A 48. Sofort hinter der Rheinbrücke bei Bendorf nach rechts abbiegen auf die B 42 in Rich-tung Neuwied-Linz-Bonn. Weiter s.o.

Über Köln-Bonn über die A 61:

Ausfahrt Kruft, auf der B 256 in Richtung Neuwied, am Ende der Rheinbrücke Rich-tung ›Stadtteile-Altenkirchen-Linz-Bonn‹ über weitgeschwungene Umgehung bis Hinweis-schild Linz-Bonn fahren; dort auf die B 42 abbiegen. Weiter s.o.

Aus Köln-Bonn über die B 42:

Vor Irlich direkt hinter dem Werk ›Lohmann KG‹ links abbiegen nach Roden-bach, dort Hinweisschild Museum Monre-pos. Weitere Schilder beachten.

Mit öffentlichen Verkehrsmitteln aus Neuwied:

Bis Segendorf, Haltestelle ›Waldesruh‹. Von dort der Ausschilderung folgen, ca. 3 km Wanderweg.

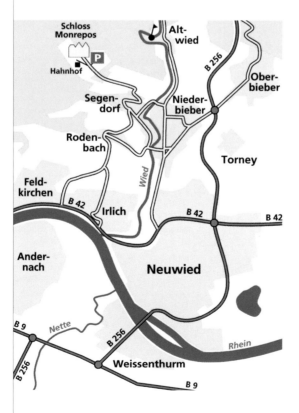